PROGRAMA DE INICIACIÓN CRISTIANA DE LIGUORI

Jornada de Fe

PARA NIÑOS

DISCERNIMIENTO Y MISTAGOGIA

GUÍA DEL MAESTRO

LIBROS LIGUORI™

***Jornada de Fe para Niños, Discernimiento y Mistagogia Guía del Maestro* (827341)**

Imprimi Potest: Stephen T. Rehrauer, CSsR, Provincial de la Provincia de Denver

Imprimatur: "Conforme al CIC 827, el 20 de septiembre de 2017, el reverendo Mark S. Rivituso, obispo auxiliar de la archidiócesis de St. Louis, concedió el permiso de publicación. El Imprimátur es un permiso para la publicación que indica que la obra no contiene contradicciones con las enseñanzas de la Iglesia Católica, sin embargo no implica la aprobación de las opiniones que se expresan en ella. Con este permiso no se asume ninguna responsabilidad".

Para hacer pedidos llame al 800-325-9521.

Editora de 2017 *Journada de Fe para Niños*: Theresa Nienaber-Panuski.

Arte/Diseño de: Wendy Barnes, Lorena Mitre Jimenez, John Krus, y Bill Townsend.

Imágenes: Paul B. Moore/Shutterstock. Ilustraciones del interior: Jeff Albrecht

Publicado con licencia eclesiástica. Textos de la Escritura tomados de la *Biblia de Jerusalén Latinoamericana*, Desclee de Brower, Bilbao, España. Todos los derechos reservados. Los textos del *Catecismo de la Iglesia Católica* y demás textos pontificios fueron tomados con permiso de *Libreria Editrice Vaticana*; versión en español.

Extractos de *Rito de la Iniciación Cristiana de Adultos NCCB/USCC (RICA)* © 1991 United States Catholic Conference.

Cumple con *The Roman Missal, Tercera Edición.*

Impreso en los Estados Unidos de América.
21 20 19 18 17 / 5 4 3 2 1.
Tercera edición.

Contenido

Discernimiento y Mistagogia: un resumen 4

El periodo de Discernimiento 4

Ritos y sacramentos durante el periodo de Discernimiento 5

Sugerencias prácticas...7

El periodo de catequesis posbautismal o Mistagogia 7

La catequesis efectiva durante la Mistagogia...........8

La integración a la comunidad parroquial.................9

Planes de clase de Discernimiento... 10

D1. Decir "sí" a Jesús

D2. Vivir la Cuaresma

D3. Reflexionar para elegir

D4. El Credo

D5. El Vía Crucis

D6. La Oración del Señor

D7. El significado de la Semana Santa

D8. El retiro de la Vigilia Pascual

Planes de clase de Mistagogia 58

M1. Nuestra fe es un proceso permanente

M2. El papel del laicado

M3. Los dones espirituales

M4. Decisiones difíciles

M5. El llamado a la santidad

M6. Vivir las virtudes

M7. La vida en familia

M8. Compartir la Buena Nueva

Glosario de Discernimiento y Mistagogia 106

Discernimiento y Mistagogia: un resumen

El periodo de Discernimiento

Desde sus primeros siglos, la Iglesia ha reservado el tiempo de Cuaresma como tiempo especialmente vinculado al arrepentimiento, la conversión y la preparación para los sacramentos. El proceso del RICA y la celebración del bautismo se centran en la Vigilia Pascual, estando los ritos de elección y llamado, los escrutinios y todo el catecumenado programado en relación con esa fiesta (*RICA* 17, 20–26; *CIC* 1168; *CIC 856).*

Debido a que el arrepentimiento y la conversión requieren la preparación personal e interior, las lecciones de *Discernimiento* de la *Jornada de Fe para Niños,* están enfocadas a la reflexión guiada y piadosa. Las lecciones ayudarán a los niños en su preparación interior para los sacramentos al guiarlos en torno a cómo reflexionar sobre sus acciones y los efectos resultantes de las mismas, y al animarlos a vivir su fe de forma práctica y concreta.

"[Purificación] es un tiemp de preparación spiritual más intense, y consiste más de reflexion interior que de instrucción catequética, e intenta la purificación de las mentes y de los corazones de los elegidos al tiemp que ellos mismos examinan sus propias conciencias y hacen penitencia" (*RICA* 139).

Si bien durante el periodo de discernimiento todavía el elegido no está en plena posesión de las gracias y dones del discipulado, ya deberán comenzar a sentir su pertenencia a la fe cristiana. Los candidatos bautizados, como miembros de la Iglesia Cristiana que son, deberán comenzar a identificarse como católicos y expresar su fe en correspondencia con lo que dicta la Sagrada Tradición.

Las sesiones y eventos que se desarrollan durante el periodo de discernimiento deberán facilitar que los participantes experimenten la experiencia de la Cuaresma junto a la comunidad parroquial, la cual experimenta también su propia renovación espiritual y se prepara para celebrar con mayor profundidad el misterio pascual (*RICA* 138). Esta unidad e integración crecerá durante el periodo de mistagogia, el cual generalmente corresponde al tiempo pascual.

Ritos y sacramentos durante el periodo de Discernimiento

El periodo de discernimiento comienza con el rito de elección. Para mayor grado de detalle, remítete a *Catecumenado, Guía del Maestro* y a otros materiales de la *Jornada de Fe para Niños*.

Los escrutinios

Más que al examen, el interrogatorio y el juicio severo, "los escrutinios...son ritos para el autoexamen y para mover al arrepentimiento", destinados "a fin de inspirar en los elegidos el deseo de la purificación de Cristo" (*RICA* 141, 143). Las oraciones e intercesiones animan al elegido a esforzarse en poder pasar por la puerta estrecha (Mateo 7:13–14; Lucas 13:24–28). Mediante los exorcismos ellos "se desprenden de las consecuencias del pecado y de la influencia del diablo" (*RICA* 144).

Habiendo sido previamente instruidos acerca de la naturaleza del pecado y haber expresado su deseo y compromiso de recibir los sacramentos de la iniciación, los participantes se hacen fuertes y son enviados a hacer realidad su discipulado.

Las preguntas, actividades y otros materiales de estas guías ayudan a preparar a cada niño para esta etapa de su jornada de fe. El obispo o sacerdote "pregunta a todos los elegidos a la vez; o, después de ser informado por los padrinos del nombre de cada uno de los candidatos, puede usar las mismas fórmulas para interrogar individualmente a los candatos" siguiendo la fórmula para la profesión de fe en la Vigilia Pascual (*RICA* 224–25). En el caso de que algún participante exprese dudas o preocupaciones respecto a su conversión, reúnete con él o ella en privado para determinar qué apoyo adicional puede brindársele.

Las presentaciones

La *Presentación del Credo* deberá celebrarse durante la semana siguiente al primer escrutinio y, siempre que sea posible, en el contexto de una misa, de manera que la comunidad de los fieles pueda estar presente (*RICA* 157; Canon 837). La *Presentación del Credo* prepara al elegido para la memorización de su texto (ver Ritos de Preparación) y para profesar su fe en el día de su bautizo (*RICA* 148).

Durante la *Presentación del Credo*:

- Las lecturas preceptivas que reemplazan a las lecturas regulares de los días entre semana son proclamadas durante la liturgia de la Palabra (*RICA* 158).
- Después de la homilía, el sacerdote manda pasar adelante a los elegidos para recibir las palabras y los misterios del Credo. Puede utilizarse el Credo de Nicena o el Credo de los Apóstoles en dependencia de la tradición de la parroquia (*RICA* 160).
- El sacerdote comienza la recitación del Credo y la asamblea se le une.
- El sacerdote reza sobre los elegidos y los despide antes del comienzo de la liturgia de la Eucaristía. De quedarse, el sacerdote les recordará que no pueden participar plenamente pero que pueden permanecer "como un signo de nuestra esperanza de que todos los hijos de Dios..." (*RICA* 162).

La *Presentación de la Oración del Señor* deberá celebrarse durante la semana siguiente al tercer escrutinio o en los ritos de preparación. En ella se prepara al elegido para hacer suya la oración al unirse en oración a la congregación antes de su primera Eucaristía (*RICA* 149).

Durante la *Presentación de la Oración del Señor*:

- Las lecturas preceptivas que reemplazan a las lecturas regulares de los días entre semana son proclamadas durante la liturgia de la Palabra (*RICA* 179).
- Justo antes de la lectura del Evangelio, el diácono o el ministro auxiliar manda pasar adelante a los elegidos. Se proclama el recuento de la Oración del Señor según el Evangelio de Mateo.
- Después de la homilía, el sacerdote ora por los elegidos: "Aumenta la fe y el entendimiento a estos elegidos, escongidos para el Bautismo. Concédeles renacer en las aguas de la vida, para que sean contados entre tus hijos de adopción" (*RICA* 182).
- El sacerdote despide a los elegidos antes de la liturgia de la Eucaristía.

Preparación de los ritos del Sábado Santo

El número y el orden de estos ritos dependerán de las necesidades de tus elegidos, del momento elegido y de la capacidad, y de otros factores (*RICA* 185–86). La Iglesia pone a tu disposición el siguiente modelo (*RICA* 187–92):

1. Comienza con un canto de entrada apropiado.
2. El celebrante saluda a todos con una fórmula o unas palabras adecuadas.
3. Las lecturas de la Escritura son escogidas entre las de los ritos y son proclamadas. De ser necesario, se intercalarán entre ellas salmos o himnos.
4. El celebrante pronuncia una breve homilía o explicación de los textos.
5. Se celebran los diversos ritos. Entre los mismos pudieran estar incluidos la Presentación de la Oración del Señor, la Recitación del Credo, el rito de Éfeta y/o el rito de Elección de un Nombre Bautismal.
6. El celebrante concluye con la oración de bendición y la despedida.

La Vigilia Pascual

La fiesta de la Pascua, en particular la liturgia e la Vigilia Pascual, es el momento culminante del año litúrgico. Dada su preeminencia y su prerrogativa de iniciar (bautizar) a quienes tengan catorce o más años de edad, el obispo es el celebrante de preferencia (*RICA* 207; Canon 863). "Los candidatos adultos, incluidos los niños de edad catequética, deben recibir el bautismo, la confirmación y la eucaristía en una sola celebración eucarística" (*National Statutes for the Catechumenate*, 14). Esta concatenación de sacramentos es un rasgo distintivo del proceso del RICA y refleja la naturaleza unificada de la iniciación cristiana (Canon 842).

Dado el caso de que todos los participantes en un grupo mixto compuesto por elegidos y candidatos bautizados deban celebran juntos la recepción de los sacramentos, "la condición y el estado de los ya bautizados debe ser cuidadosamente respetado y distinguido" (*National Statutes*, 26, 33–34). Siempre que se presente ese caso, tu proceso del RICA deberá reflejar, desde el inicio, la diferencia entre esos dos grupos. No debe resultar difícil seguir adelante con el proceso hasta la Vigilia Pascual. Puede que ya el obispo o el sacerdote dispongan de soluciones para ello.

La misa de la Vigilia y los sacramentos de iniciación son analizados en *Jornada de Fe_Preguntas_Guía del Maestro*, lección *C1: El proceso y los ritos del RICA*, y lección *D7: El significado de la Semana Santa*. También puede remitirse a *RICA* 206–43 y al *Lectionay* no. 41. Los pasos y puntos adicionales se detallan a continuación:

- La celebración del bautismo comienza con la presentación de los elegidos y sus padrinos y madrina, y una letanía de los santos.
- El celebrante bendice las aguas bautismales y reza sobre ellas.
- Los elegidos renuncian al pecado y hacen profesión de fe. "Los adultos no se salvan sino acercándose por propia voluntad al Bautismo y queriendo recibir el don de Dios mediante su fe. Pues la fe de los que se van a bautizar no es solo la fe de la Iglesia, sino la fe personal de cada uno de ellos y se espera que sea active y operante en cada uno de ellos" (*RICA* 211).
- Los elegidos son bautizados, preferiblemente mediante inmersión (*National Statutes*, 17). Sea el bautismo realizado mediante inmersión total o parcial, o mediante el simple derramamiento de agua, deberá "adquiere toda su importancia como el signo de la mística participación en la muerte y resurrección de Cristo, por la que aquellos que creen en su nombre mueren al pecado y resucitan para la vida eternal….este baño no es un mero rito de purificación sino el sacramento de la union con Cristo" (*RICA* 213).
- Los recién bautizados son ungidos con óleo y vestidos de blanco. Los padrinos reciben el obsequio de una vela encendida con el fuego del cirio pascual.
- El celebrante invita a los recién bautizados a recibir la confirmación. Posteriormente, los fieles congregados renuevan sus promesas bautismales. Si se emplea el rito combinado, la renovación precederá a la confirmación.
- Ahora los candidatos previamente bautizados pasarán al frente y profesarán su fe. El sacramento de la confirmación es conferido mediante la imposición de las manos y la unción con el crisma.
- Al comenzar la liturgia de la Eucaristía, los neófitos deberán tomar parte en la procesión de los regalos al altar (*RICA* 241). Todo el grupo del RICA y las personas que les han dado apoyo —neófitos, maestros, catequista, espónsores, padrinos y familiares— deberán recibir las dos formas de la Eucaristía (*RICA* 243, 594).

Sugerencias prácticas

- Prepara al equipo del RICA, a los niños, espónsores y padrinos para los ritos de envío, elección y llamado antes del comienzo de la Cuaresma. Si este año la Cuaresma comienza en fecha temprana, puede que tengas que ajustar el periodo de catecumenado en la forma que corresponda. La Lección *P1: Decir "sí" a Jesús,* ha sido específicamente diseñada con ese propósito.
- Ayuda a los elegidos y candidatos a participar, tan a fondo como sea posible, en la Cuaresma. Imparte la lección *D2: Vivir la Cuaresma a* principios de ese tiempo. En ella se proporciona un contexto y se ofrecen sugerencias para la temporada. Asistan a la celebración del Miércoles de Ceniza como grupo del RICA e incorpora a las sesiones lecturas, temas, oraciones y sacramentales propios de la Cuaresma. Distribuye un devocionario de Cuaresma o una actividad para cada día y anima a los padrinos y espónsores para que analicen regularmente esos materiales con los participantes.
- Haz las coordinaciones necesarias para que los niños puedan rezar, e incluso recorrer las estaciones juntos, utilizando la lección *D5: El Vía Crucis.* Asigna los participantes que deberán anunciar las estaciones, proclamar las Escrituras y leer las reflexiones y oraciones en voz alta.
- Programa las siguientes lecciones de discernimiento de modo tal que coincidan con sus respectivos ritos o celebraciones. Imparte la lección *D3: Reflexionar para elegir* antes del tercer domingo de Cuaresma y las lecciones *D4: El Credo* y *D6: La Oración del Señor* antes de las presentaciones. La lección *D7: El significado de la Semana Santa* puede ser impartida antes o durante el Domingo de Ramos. La lección *D8: Retiro de la Vigilia Pascual* debe ser impartida en fecha tan próxima a la Vigilia Pascual como sea posible.
- Coordina para antes de la Vigilia Pascual una celebración especial de reconciliación para los candidatos bautizados (*National Statutes*, 27). Se trate de individuos de procedencia no católica que van a celebrar su primera penitencia o de católicos no catequizados que regresan al sacramento desde de muchos años de alejamiento, asegúrate de que reciban la preparación, la instrucción y el apoyo adecuados. Transmite una entusiasta invitación a sus líderes, catequistas, espónsores, padrinos y familiares bautizados para que participen también. Si el grupo es numeroso, puede que sea mejor programar esta actividad para un momento que no coincida con el horario regular de la celebración de las reconciliaciones.
- Durante la Vigilia Pascual, los candidatos bautizados deberán pasar al frente para ser confirmados una vez que el bautismo de los elegidos haya concluido. Los candidatos ya bautizados estarán agrupados de modo tal que se distinga que corresponden a un estado sacramental diferente. Después de la Vigilia Pascual o durante la octava de Pascua, celebren la ocasión con la comunidad parroquial pero reserven las celebraciones de cierre del curso para después de la mistagogia (Pentecostés) para que se evidencie que el carácter inconcluso del RICA en el momento de la Pascua. Incorpora temas sobre la comunidad, la alianza y los Evangelios a las festividades (Ver *RICA* 249).

El periodo de catequesis posbautismal o Mistagogia

Las palabras mistagogia y misterio tienen una raíz griega común que significa "persona iniciada". Con este último periodo del proceso del RICA, la Iglesia reconoce la necesidad de seguir apoyando, de manera continua y cada vez más intensa, a los recién bautizados. A pesar de haber recibido formación y de haberse convertido, les resta aún mucho por conocer acerca de la Iglesia y carecen de una plena experiencia del estilo de vida católico. "La fe que se requiere para el Bautismo no es una fe perfecta y madura, sino un comienzo que está llamado a desarrollarse. ... En todos los bautizados, niños o adultos, la fe debe crecer después del Bautismo" (*CIC* 1253–54; ver también *RICA* 245).

Por considerarlo ideal para ello, la Iglesia reserva el tiempo pascual para profundizar en los misterios de nuestra fe, los sacramentos y la Iglesia (*RICA* 247). Durante estos cincuenta días, la liturgia dominical deberá enfocarse fundamentalmente en los nuevos miembros del cuerpo de Cristo, y los fieles de la parroquia deberán esmerarse en la bienvenida a sus nuevos hermanos y hermanas. Las lecturas de los Hechos de los Apóstoles ponen énfasis en la comunidad y en la permanente obra de salvación llevada a cabo mediante el siempre creciente discipulado de la naciente Iglesia.

Las sesiones de mistagogia deberán facilitar la plena participación de los neófitos en los sacramentos y su integración a la comunidad de fe "Esta es una etapa para que la comunidad y los neófitos crezcan juntos en una percepción más profunda del misterio pascual y lo hagan parte integral de su vida meditando en el Evangelio, compartiendo en la Eucaristía, y hacienda obras de caridad" (*RICA* 244). Con su presencia y fervor compartidos, ellos dan testimonio de la alegría del Evangelio y sirven como ejemplos vivientes del discipulado.

La catequesis efectiva durante la Mistagogia

En su exhortación apostólica *Sobre la catequesis en nuestro tiempo* [*Catechesi Tradendae*], el papa s. Juan Pablo II menciona varios elementos centrales de la catequesis. Tres de ellos son fundamentales para el periodo de la mistagogia: "celebración de los sacramentos; integración en la comunidad eclesial; testimonio apostólico y misionero" (18; ver *CIC* 6). A ellos el papa Francisco añadió algunos requerimientos prácticos de lo que denominó la "*iniciación mistagógica*" (*La alegría del Evangelio* [*Evangelii gaudium*], 166). Estas orientaciones proporcionan el marco valiéndonos del cual podemos crear un significativo periodo de catequesis posbautismal.

- *Crear una adecuada ambientación.* Dale a tus sesiones un toque marcadamente litúrgico.
- Incorpora a ellas elementos del arte y la música sacros u oraciones, textos y formas que pueden estar o no estar relacionados con la misa dominical. Muestra a los niños lo fácil que puede resultar incorporar a sus vidas una espiritualidad colmada de significación y vigencia.
- *Ofrecer una atractiva motivación.* Continúa enfatizando la belleza de nuestra fe y analizando cómo lo que hacemos refleja la alegre esperanza aportada por la muerte y resurrección de Cristo.
- *Uso de símbolos elocuentes.* Conecta la liturgia y los sacramentos con las maravillas de la naturaleza, de la condición humana y de la vida cotidiana y con las propias experiencias de los niños, para de esa forma profundizar en su significado y valor.
- *Inserción en un amplio proceso de crecimiento.* Pon énfasis en que, con el bautismo, nuestro viejo ser ha muerto y hemos renacido a una nueva vida. Las lecciones de la mistagogia han sido concebidas para incitar a los neófitos a incorporarse a un discipulado activo.
- *Centrarse más en la evangelización que en la instrucción.* Recuerda a todos (incluido tú mismo) que la luz de la fe está presente. Después del bautismo, tu función ha de ser la de avivar la llama del Espíritu. Incorpora a tus sesiones más tiempo dedicado a escuchar y compartir experiencias; invita a oradores o líderes de un grupo parroquial de jóvenes o de una *high school* católica cercana para que cuenten cómo viven y comparten su fe en el día a día. Cuando estudien la Escritura, no se limiten a comprender la historia contada y lleva a cada uno de los participantes a hacerla suya.
- *Proporcionar oportunidades para la contemplación y el discernimiento.* Planifica una sesión de oración o una visita a la capilla de adoración. Dedica al menos una parte de la sesión a reflexionar sobre el Triduo y la Vigilia, en particular. Anima a los niños a continuar (o comenzar) a llevar su propio diario de oración independiente de las sesiones del grupo.
- *Guiar a los niños hacia una mayor iniciativa.* Si todavía no lo has hecho, enseña a los niños a conducir el rezo de oraciones simples y a proclamar la Escritura. Anímalos a contar a los demás cómo Dios está trabajando en sus vidas y a determinar en qué formas ellos pueden responderle.

La integración a la comunidad parroquial

A través de los sacramentos de la iniciación, los neófitos experimentan una transformación indeleble (*CIC* 1272). Junto con su recién adquirida gracia, salvación e identidad, ellos reciben las responsabilidades del discipulado y son llamados a una activa participación en la vida parroquial. Es más, los misterios de la Vigilia Pascual repercuten también en la Iglesia (*RICA* 246). Con la liturgia y la recepción de nuevos miembros, ella se refresca y renueva. El periodo de la mistagogia es un tiempo apropiado para que los neófitos y el resto de los fieles se acojan unos a otros, y para discernir hacia dónde los está guiando Dios a todos ellos juntos.

En su condición de principales representantes de la comunidad, los maestros y catequistas del RICA deberán moldear esta nueva relación y hacerla extensiva al resto de la parroquia y la diócesis. Entre las maneras en que se puede comenzar la tarea, se incluyen las presentaciones mutuas, el estimular a los neófitos a que participen en la misa y el apoyo a sus esfuerzos iniciales por llevar el evangelio a los demás mediante las palabras, las obras y el ministerio.

Cómo crear un sentido de pertenencia a la comunidad

- *Identifica por su nombre a los neófitos y recién incorporados.* Haz notar su presencia en la comunidad a los concurrentes. Valora la mención ordinaria de otros grupos, tales como los enfermos, los recién fallecidos, los niños bautizados y las amonestaciones matrimoniales. Sigue las orientaciones de tu párroco o líder parroquial para la solicitud de una intención particular o un anuncio hablado o escrito.
- *Haz que la misa les resulte cercana.* Los domingos de Cuaresma son las "denominadas misas para neófitos" (*RICA* 247). Para ello no es necesario que la misa sea didáctica ni que ellos reciban un tratamiento especial, pero deberá hacer posible que ellos se percaten de las profundas realidades espirituales que se producen en y alrededor de ellos. Puede resultar favorable que se los neófitos se sienten juntos o que la homilía se centre en los sacramentos.
- *Guardar el tiempo pascual.* En lugar de bajar el ritmo después de la Vigilia Pascual, trabaja con el párroco y toda la comunidad parroquial en pro de la participación en las maravillas de la Pascua que transcurre.
- *Crea conexiones espirituales.* Anuncia o publica preguntas o materiales usados en tus sesiones en lugares en los que los parroquianos puedan tener acceso a ellos. Esto les proporcionará a los participantes en tu grupo una experiencia de mistagogia y les mostrará un modo conveniente de cómo hacer a sus propias familias partícipes en sus reflexiones y discusiones.
- *Propicia la integración gradual.* Invita a los padrinos, espónsores y familiares a continuar asistiendo a misa con los neófitos y a ayudarles en su formación continua. Una merienda o un *brunch* son actividades simples que se pueden aprovechar para revisar juntos el boletín y la hojita parroquial o los medios sociales en busca de eventos a los que asistir. Al aproximarse el primer aniversario sacramental de los participantes, podrás ver los frutos recogidos en términos de las amistades y de la familiaridad que se han establecido y del verdadero compromiso logrado con la fe. A su vez, la Iglesia, agradece estos dones y los ofrenda en beneficio de todos, incluyendo a un nuevo grupo de neófitos.

D1: Decir "sí" a Jesús

Catecismo: 422–29

Objetivos

- Comparar las reacciones producidas por la vida y enseñanzas de Jesús según nos narran los Evangelios y la historia.
- Relacionar la invitación universal al discipulado que hace Jesús y la firma del *Libro de los Elegidos* en el rito de elección.
- Practicar la introspección.

Meditación del maestro

Juan 21:1–19

Jesucristo te ha convertido en pescador de estas jóvenes mentes encargadas a tu cuidado. Los niños de tu clase son los peces en tu red, la red que lanzaste al ordenártelo el Señor, la red que recogiste y has llevado a la orilla. Es hora de que presentes los peces al Señor. El Señor le pregunta a Pedro si lo ama. La primera vez que Pedro dice que "sí", Jesús le pide que alimente a los corderos del Señor. La segunda vez, el Señor dice a Pedro que apaciente las ovejas del Señor. La tercera vez, el Señor le dice a Pedro que alimente sus ovejas. Al hacer esas cosas, Pedro actuará según su amor por Jesucristo. Tú eres como Pedro. Tú traerás ovejas al Señor y él las invitará a decirle que "sí". Ora por que te sea concedida la gracia necesaria para conducir bien a estos niños y la gracia suficiente para que ellos respondan con un firme "sí".

Preparación del maestro

- Lee la lección, este plan de clase, el pasaje de la Escritura y las secciones del *Catecismo*.
- Ten a mano resaltadores, lápices o plumas de colores y marcadores para que los niños puedan utilizarlos durante la actividad.
- Familiarízate con el vocabulario de esta lección: rito de elección, *Libro de los Elegidos*. Las definiciones las encontrarás en el glosario de esta guía.

Bienvenida

Saluda a los niños según vayan llegando. Comprueba si dispones de los materiales y artículos diversos que pudieras necesitar. Pide que hagan cualquier pregunta o comentario que tengan acerca de la sesión anterior y/o compartan con el grupo cualquier nueva información o conclusión en su poder. Comienza rápidamente.

Lectura inicial

Juan 21:1–19

Enciende la vela y lee en voz alta. Comunica a los participantes que esta lección está dedicada a la invitación que nos hace Jesús a que nos convirtamos en discípulos suyos. Nos está ofreciendo la oportunidad de decirle que "sí", de hacer su voluntad y de amar a su pueblo. Pregunta a los niños qué significa para ellos ser un discípulo o seguidor de Jesús.

> De este conocimiento amoroso de Cristo es de donde brota el deseo de anunciarlo, de "evangelizar", y de llevar a otros al "sí" de la fe en Jesucristo.
>
> *CIC 429*

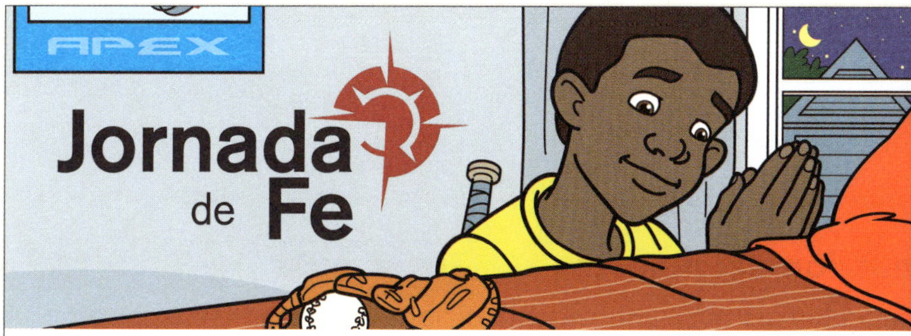

D1 DISCERNIMIENTO

Decir "sí" a Jesús

"Hoy es el comienzo de una parte muy importante de la jornada de fe de ustedes", dijo la señora Evans a la clase. "Ustedes han estado aprendiendo acerca de Dios, la Iglesia, los sacramentos y cómo vivir como Jesús. Ahora les ha llegado el momento de elegir, de decir 'sí', a la invitación de Dios a convertirse en miembro oficial de su Iglesia".

"¿Así que nada más que tenemos que decir 'sí' y ya somos católicos?" preguntó Terrence.

"Bueno, eso no es así tan sencillo", dijo la señora Evans. "Ustedes empezarán por tomar parte en una ceremonia llamada rito de elección. De eso es de lo que vamos a hablar hoy".

NIÑOS

CIC 422–29

Decir "sí" a Jesús

Lean entre todos la narración inicial.

Pide a los niños que respondan la pregunta de reflexión por sí mismos en su diario de oración. Pide entonces voluntarios dispuestos a compartir algo que los tiene muy entusiasmados o que los ha puesto nerviosos. Si dispones de tiempo para ello, haz una lista de todo eso en la pizarra y pon un *check* junto a lo que haya sido mencionado por más de un niño.

JORNADA DE FE | DISCERNIMIENTO

¿Estás entusiasmado ante la idea de decirle "sí" a Jesús? ¿Estás nervioso? ¿Por qué?

Jesús nos llama

Jesús escogió a las personas que habrían de caminar con él y ayudarlo en su trabajo. Sin embargo, no todas las personas a las que llamó le dijeron que "sí".

Había un joven rico que quería caminar con Jesús. Jesús le dijo al joven que tenía que vender todas sus posesiones y dar el dinero a los pobres. El joven no quería darlo todo, así que dijo "no". Eso entristeció mucho a Jesús. (Marcos 10: 17–31).

¿Cómo te sentirías tú si Jesús te pidiera que lo regalaras todo?

¿Qué razón tendría alguien para decir "no" cuando se le pidiera regalar sus cosas?

¿Qué razones pudiera alguien tener para decir "sí" a esa petición?

Otro hombre fue llamado a seguir a Jesús. Ese hombre le dijo a Jesús que se le uniría después, cuando su padre muriera. Ese hombre quería seguir a Jesús pero dijo "todavía" (Lucas 9: 57–62).

¿Por qué crees que Jesús quiere que le sigamos en este instante?

Las doce personas a las que Jesús llamó para que le siguieran y guiaran su Iglesia recibieron el nombre de apóstoles. Todos los que siguen las enseñanzas de Jesús reciben el nombre de discípulos. Ahora que ya estás dispuesto o dispuesta a decirle "sí" a Jesús, ¡también te convertirás en discípulo!

Eran muchas las esperanzas que se abrían para los discípulos si permanecían junto a Jesús. Él era el Mesías. Él prometía la vida eterna. Sin embargo, no era fácil seguirle. Jesús fue torturado y se le mató. Lo mismo les pasaría también a muchos de sus seguidores.

¿Qué es lo que te entusiasma de hacerte discípulo de Jesús?

¿Qué es lo que te da miedo de convertirte en discípulo de Jesús?

Rito de elección

Nosotros creemos que Jesús nos llama a ser sus seguidores. Como seguidores de Jesús, tenemos que seguir las reglas establecidas por Dios y vivir como Jesús quiere que vivamos. Jesús no nos fuerza a ser sus seguidores. Él nos invita. Nosotros decidimos si aceptamos o no su invitación. La Iglesia Católica tiene un rito especial, una ceremonia, para la aceptación de la invitación de Jesús. A esa ceremonia se le llama **rito de elección** y se realiza durante una misa especial. Ese rito es tu oportunidad de elegir a Jesús y de hacerle saber que quieres que tu vida sea como él quiere que sea.

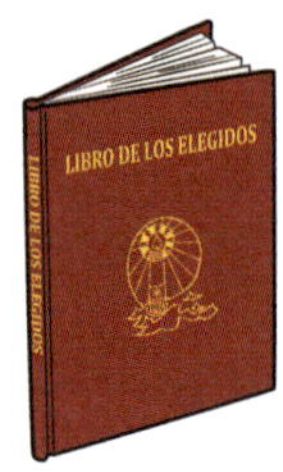

Durante el rito de elección, se te pedirá que pases al frente con tu catequista, quien les dirá a todos que tú quieres seguir a Jesús. Después, el sacerdote le preguntará a los presentes si aceptan tu decisión. Cuando ellos te dan el "sí", tu nombre será registro en un libro llamado el **Libro de los Elegidos**. ¡Ese es un día muy especial en tu jornada para encontrarte con Jesús y la Iglesia! ¡Es el del reconocimiento público de tu deseo de unirte a la Iglesia y vivir como Jesús!

Jesús nos llama

Dependiendo de la edad promedio de los niños de tu clase, decidirás si leer el pasaje de la Escritura directamente de la Biblia (Marcos 10:17–31).

Analiza las razones por las posibles razones del hombre rico para decirle que "no" a Jesús.

Puede ser que el rico tuviera miedo a renunciar a sus riquezas terrenales porque ellas le hacían sentir seguro y a salvo. Puede que el hombre rico no estuviera preparado para confiar en que Jesús le proveería de lo necesario. Quizás al hombre rico le resultó difícil creer que valdría la pena renunciar a su tesoro terrenal por el tesoro del cielo.

Dales tiempo a los niños para que respondan, solos o con un compañero, las preguntas de reflexión. Pide voluntarios que compartan sus respuestas con el resto del grupo.

Lee el siguiente relato bíblico utilizando la lección impresa o directamente de la Biblia (Lucas 9:57–62).

Analicen por qué pudiera ser que ese hombre le dijera a Jesús que le seguiría, pero no en ese momento.

Puede ser que el hombre no se haya sentido preparado para seguir a Jesús. Puede que pensara que tenía que hacer otras cosas que eran más importantes que seguir a Jesús o que no podía seguirlo hasta haber hecho antes todas las cosas terrenales que quería hacer primeramente. O puede que el hombre haya pensado que sus obligaciones con sus personas más cercanas eran más importantes que su relación con Jesús.

Discutan en el grupo la pregunta de reflexión.

Jesús quiere que le sigamos inmediatamente porque no hay nada más importante que nuestra responsabilidad con Dios. Si bien pudiera parecer que tenemos un montón de tareas o quehaceres que cumplir en nuestra vida terrenal, siempre tenemos la posibilidad de ofrecerle en sacrificio a Dios todas esas tareas y esos quehaceres. Podemos elegir hacer cualquier cosa por Jesús en este instante, estemos haciendo lo que estemos haciendo.

Dales a los niños tiempo para que respondan por sí mismos las dos últimas preguntas de reflexión de esta sección. Pregúntales después si alguna de sus respuestas coincidió con las respuestas que dieron al principio de la lección con respecto a decirle "sí" a Jesús.

Rito de elección

Al ir analizando el rito de elección, pregunta a los niños qué tipo de "sí" creen que deben dar durante este rito.

- ¿Un "sí, pero si no me pides que haga eso en particular" como hizo el hombre rico?
- ¿Un "sí, pero no en este momento" como el hombre que no estaba dispuesto a apartarse de su padre?
- ¿Un "sí, haré lo que me pidas" como los discípulos?

Los doce que caminaron con Jesús

Lee este poema acerca de los apóstoles. Después sigue las instrucciones que aparecen a continuación del mismo.

Jesús llama a que el que quiera, lo deje todo y lo siga.
Y a que preste su atención a todo lo que les diga.

Andrés y Pedro arreglaban sus redes junto a la orilla.
Mas cuando llama Jesús, lo dejan todo en la arcilla.

Santiago y Juan, los hijos de Zebedeo, siguen a Jesús los dos.
Felipe y Tomás, que duda, siguen jubilosos al hijo de Dios.

Llama entonces a Leví, que al pueblo le cobra impuestos y por eso le disgusta.
Cenan juntos, lo transforma, le da por nombre Mateo que cambia a una vida justa.

Llama a Simón, "el celota", y dice Bartolomé "Llévame también a mí".
Otro Santiago y dos Judas completan los doce sís.

Once se mantienen fieles, mas uno se hace traidor.
¡Pobre diablo, mira que abandonar al Señor!

Hoy los amigos de Jesús son tantos que no se les puede contar. Por todo el mundo hay seguidores suyos. Tú has sido escogido para ser su amigo y él te pide hoy que le sigas.

Camina siempre por la ruta que Jesús siguió y sé siempre su amigo leal y verdadero. Ámalo con todo tu corazón y con toda tu alma, como él te ha amado siempre a ti.

Actividad

Recuerda a los niños que para esta actividad has conseguido materiales de dibujo y que pueden utilizar un color para cada uno de los pasos. O, si prefieres que esta actividad sea realizada en grupo, proyecta el poema en la pizarra y pide un voluntario diferente que señale qué parte del poema corresponde a cada uno de los pasos.

Hemos hecho para ti las marcas correspondientes en el poema que aparece a continuación.

FAMILIARIZÁNDOSE CON LOS APÓSTOLES

Lee el poema sobre los apóstoles que aparece en la página anterior, y sigue entonces las instrucciones correspondientes a la siguiente actividad.

Traza un círculo alrededor el nombre del hermano mayor de Andrés.

Subraya el nombre del que "no estaba seguro".

Encierra en un cuadrado el nombre del cobrador de impuestos.

Resalta los nombres de los "hijos de Zebedeo".

Subraya con dos líneas el nombre del hermano de Pedro.

Pon una estrella sobre el nombre del "celota".

Resumen:

- A lo largo de la historia, las personas han reaccionado de manera diferente al mensaje de Jesús sobre el discipulado.
- Como elegido, estás llamado a integrarte al discipulado.
- Al ir creciendo en la fe, se te pedirá que pienses al emprender acciones y hacer elecciones.

Jornada de Fe para Niños, Discernimiento, D1 (827013)
Imprimi Potest: Stephen T. Rehrauer, CSsR, Provincial de la Provincia de Denver.
Imprimatur: "Conforme al *CIC* 827, el 20 de septiembre de 2017, el reverendo Mark S. Rivituso, obispo auxiliar de la archidiócesis de St. Louis, concedió el permiso de publicación. El Imprimátur es un permiso para la publicación que indica que la obra no contiene contradicciones con las enseñanzas de la Iglesia Católica, sin embargo no implica la aprobación de las opiniones que se expresan en ella. Con este permiso no se asume ninguna responsabilidad".
Jornada de Fe © 2000, 2017 Liguori Publications, Liguori, MO 63057. Para hacer pedidos, visite *Liguori.org* o llame al 800-325-9521. Liguori Publications, corporación no lucrativa, es un apostolado de los Redentoristas. Para saber más acerca de los Redentoristas visite "Redemptorists.com".
Editores de Jornada de Fe para Niños 2017: Theresa Nienaber-Panuski and Pat Fosarelli, MD, DMin.
Diseño y producción: Wendy Barnes, John Krus, Lorena Mitre Jimenez, Bill Townsend. Ilustraciones: Jeff Albrecht.

Publicado con licencia eclesiástica. Textos de la Escritura tomados de la *Biblia de Jerusalén Latinoamericana*, Desclee de Brower, Bilbao, España. Todos los derechos reservados. Los textos del *Catecismo de la Iglesia Católica* y demás textos pontificios fueron tomados con permiso de Libreria Editrice Vaticana; versión en español.
LIBROS LIGUORI
Impreso en los Estados Unidos de América. 21 20 19 18 17 / 5 4 3 2 1. Tercera edición.
ISBN 978-0-7648-2701-3

Los doce que caminaron con Jesús

Jesús llama a que el que quiera, lo deje todo y lo siga.
Y a que preste su atención a todo lo que les diga.

Andrés y Pedro arreglaban sus redes junto a la orilla.
Mas cuando llama Jesús, lo dejan todo en la arcilla.

Santiago y Juan, los hijos de Zebedeo, siguen a Jesús los dos.
Felipe y Tomás, que duda, siguen jubilosos al hijo de Dios.

Llama entonces a Leví, que al pueblo le cobra impuestos y por eso le disgusta.
Cenan juntos, lo transforma, le da por nombre Mateo que cambia a una vida justa.

Llama a Simón, "el celota", y dice Bartolomé "Llévame también a mí".
Otro Santiago y dos Judas completan los doce sís.

Once se mantienen fieles y solo uno se convierte en un traidor.
¡Pobre diablo, mira que abandonar al Señor!

Hoy los amigos de Jesús son tantos que no se les puede contar. Por todo el mundo hay seguidores suyos. Tú has sido escogido para ser su amigo y él te pide hoy que le sigas.

Camina siempre por la ruta que Jesús siguió y sé siempre su amigo leal y verdadero. Ámalo con todo tu corazón y con toda tu alma, como él te ha amado siempre a ti.

Oración final

Concluye con un momento de silencio y pide que formulen sus peticiones particulares. Termina con esta plegaria. Puede que planees pedir a los niños que te sigan en el rezo, en ese caso imprime una copia para cada uno de ellos o, simplemente, pídeles que inclinen la cabeza y escuchen mientras tú lees.

Señor, Dios y Padre nuestro,

Hemos sido bendecidos porque eres nuestro Señor, creador y salvador.

Tú nos amas con un amor que es eterno. Para nosotros es difícil entender esa clase de amor.

Tú nos das libertad para tomar nuestras propias decisiones aunque sea para decirte "sí" o "no" a ti. Ayúdanos a darte el "sí".

Nuestros corazones desean amarte.
Nuestras mentes quieren conocerte mejor.
Nuestras manos quieren servirte.

Amén.

Tarea

Encarga a los niños y sus padres que durante esta semana elaboren una lista de "cómo le decimos 'sí' a Jesús". Puede ponerse en la puerta del refrigerador, en la puerta de entrada o en cualquier parte en la que todos los miembros de la familia la vean todos los días. Siempre que alguien le diga "sí" a Jesús durante esta semana, deberá escribir en la lista lo que hizo.

D2: Vivir la Cuaresma

Catecismo: 571–605, 1434–39

Objetivos

- Enumerar los principales temas abordados durante la Cuaresma (arrepentimiento, sacrificio, crecimiento y triunfo sobre las tentaciones).
- Comenzar la práctica del ayuno, la oración y la limosna en forma adecuada a la edad de los niños y de manera tal que entiendan la significación del tiempo de Cuaresma.
- Comenzar la enumeración de los principales símbolos de la Cuaresma, entre los que se encuentran las cenizas, el color morado, las hojas de palma y el crucifijo.

Meditación del maestro

Mateo 4:1–11

Rememora momentos en los que te sentiste como si estuvieras en un desierto —momentos que fueron difíciles y sin sentido. ¿Por qué son esos los momentos en los que nos sentimos más tentados a darle la espalda a Cristo y buscar consuelo en otra parte? ¿En qué lugares o en qué cosas te has sentido tentado a buscar consuelo? ¿Qué te trajo de regreso a Cristo?

Preparación del maestro

- Lee la lección, este plan de clase, el pasaje de la escritura y las secciones del *Catecismo*.
- Consigue cualesquiera símbolos físicos de la Cuaresma para mostrarlos a los participantes (cenizas, hojas de palma, imágenes de la estaciones del Vía Crucis, etc.) y un calendario litúrgico.
- Prepara nota adhesiva o tarjetas de identificación, una para cada niño.
- Familiarízate con el vocabulario de esta lección: ayuno, limosna, cenizas, el color morado, el color rojo, Domingo de Ramos. Las definiciones aparecen en el glosario de esta guía.

Bienvenida

Saluda a los niños según vayan llegando. Comprueba si dispones de los materiales y artículos diversos que pudieras necesitar. Pide que hagan cualquier pregunta o comentario que tengan acerca de la sesión anterior y/o compartan con el grupo cualquier nueva información o conclusión en su poder. Comienza rápidamente.

Lectura inicial

Mateo 4:1–11

Enciende la vela y lee en voz alta. Pregunta a los niños qué piensan que significa tener una "experiencia de desierto" sin estar realmente en un desierto.

Eso pudiera significar sentirse muy solo o aislado, como estuvo Jesús en el desierto. Pudiera significar no tener acceso a las cosas que necesitas, ya sea en el sentido físico —como alimentos o techo— o en el sentido espiritual —como la presencia de Dios cuando rezas. Una experiencia de desierto pudiera, sin embrago, ser positiva —como el disfrute de más tiempo a solas con Dios o la renuncia a cosas físicas (como una golosina que nos encanta o la TV) para tener más tiempo para cosas espirituales como ir a misa o leer un libro sobre la vida de un santo.

> El acontecimiento de la Cruz y de la Resurrección permanece y atrae todo hacia la Vida.
> *CIC* 1085

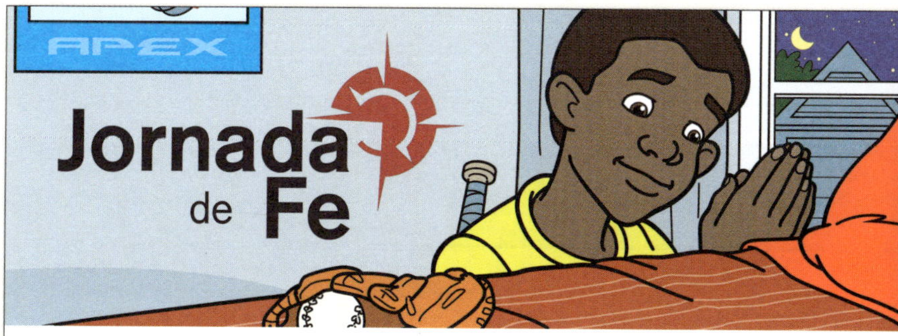

D2 DISCERNIMIENTO

Vivir la Cuaresma

"¡Oh, no!" dijo Tanya como si le faltara el aire. "Se me olvidó que hoy es viernes y estamos en Cuaresma ¡y traje una hamburguesa para comer al mediodía! ¿Qué debo hacer?" le preguntó a Tomás.

"Um", Tomás se puso a pensar. "La señora Evans dijo que en la Cuaresma uno renuncia a cosas que le gustan y hace buenas obras para parecerse más a Jesús. ¿Qué te parece si le das la hamburguesa a alguien que pueda comer carne hoy y no haya comido todavía?"

"¡Buena idea!" dijo Tanya sonriendo.

NIÑOS

CIC 571–605, 1434–99

Caminemos con Jesús

Al discutir los acontecimientos de la Cuaresma, pregunta a los niños qué recuerdan de lo que aparece sobre la Cuaresma en la lección dedicada al año litúrgico. Si dispones en el salón de un calendario litúrgico, muéstrales a los niños en qué días cae cada uno de ellos. Anímalos a añadir esos días especiales de la Iglesia a sus agendas (si tienen una para la escuela) o a sus calendarios familiares. Si dispones de un calendario de clases, no dejes de señalar también en él esos días.

Jesús en el desierto

Dependiendo de la edad promedio de los niños de tu grupo, decide si leerles esas narraciones bíblicas directamente de las Escrituras (Lucas 3:21–22; 4:1–15). Si prefieres una variante más activa de esta lección, puedes dividir a los estudiantes en grupos pequeños para que preparen una dramatización. En dependencia de cuántos niños hay en tu clase, les pedirás que preparen una dramatización, o diferentes variantes de la historia (como una versión correspondiente a los tiempos bíblicos y otra a época actual), o fragmentos específicos de ella.

Si leen la narración bíblica entre todos, puedes animarlos a que interactúen pidiéndoles que repitan las palabras de Jesús en respuesta a las tentaciones de Satanás. Esas palabras aparecen en la lección impresa como citas tomadas de la Escritura, así que puedes decirles a los niños que resalten o subrayen las respuestas de Jesús en el texto del que disponen.

Da a los niños tiempo para que contesten individualmente la primera pregunta de reflexión. En vez de pedir voluntarios dispuestos a transmitir sus respuestas, conduce una minoración de reflexión después de que los niños hayan tenido algún tiempo para escribir algo. Tú puedes pronunciar una oración que diga simplemente, "Jesús, gracias por ayudarnos a evitar la tentación" o "Jesús, estoy arrepentido de las ocasiones en las que he caído en la tentación". O puedes pronunciar una jaculatoria que venga a tu mente.

Recuerda a los niños que la Cuaresma es un tiempo de perdón y que los niños que ya pueden ir a la reconciliación tendrán la oportunidad de decirle a Jesús que están arrepentidos y recibirán el perdón en forma particular. Los niños que todavía no pueden participar en la reconciliación pueden rezar a Jesús con una oración particular.

Después, pide a los niños que respondan la segunda pregunta de reflexión formando pareja con un compañero o formando parte de un pequeño grupo. Pide a cada uno de esos dúos o pequeños grupos que compartan con todos una forma en la que pueden decirle "no" a la tentación y "sí" a llevar una vida como la de Jesús.

La lectura de la Palabra de Dios

Entre todos los integrantes del grupo, respondan la pregunta de reflexión. Si los niños necesitan ayuda, pídeles que piensen en lo que nos enseña la Biblia (las leyes de Dios y cómo vivir como Jesús)

Caminemos con Jesús

Durante la Cuaresma, la Iglesia sigue la ruta que siguió Jesús. Meditamos sobre su muerte en la cruz. Recordamos su sufrimiento y su muerte. Reflexionamos sobre su muerte como gran acto de amor y de perdón. Nuestra jornada de Cuaresma termina con la celebración de la gloriosa resurrección de Jesús en el Domingo de Pascua.

En esta Cuaresma, estarás más cerca de Jesús que nunca antes. En esta Vigilia Pascual tan especial, responderás al amor de Dios con tu "sí" tan especial.

Jesús en el desierto

LUCAS 3:21–22; 4:1–15

Cuando estaba Jesús comenzando su ministerio, fue a donde Juan el Bautista y fue bautizado en el río Jordán. Una voz del cielo dijo, "Tú eres mi hijo; yo hoy te he engendrado" (3:22). Al escucharla la gente, algunos se preguntaron si Jesús sería el Salvador. Jesús partió al desierto para prepararse. En vez de comer, oraba, y el diablo lo tentó diciéndole, "Si eres Hijo de Dios, di a esta piedra que se convierta en pan" (4:3). A pesar de estar hambriento, no se dejó engañar. Le respondió al diablo, "No sólo de pan vive el hombre" (4:4, ver también Deuteronomio 8:2–4).

A continuación, el diablo lo llevó a una montaña desde la cual podía divisar todos los reinos del mundo. El diablo dijo "Si, pues, me adoras, toda (esta gloria) será tuya" (4:7). Jesús le contestó, "Adorarás al Señor tu Dios y sólo a él darás culto" (4:8). Por último, llevó el diablo a Jesús a lo más alto del Templo y le dijo, "Si eres Hijo de Dios, tírate de aquí… porque… (Dios) a sus ángeles te encomendará para que te guarden" (4:9–10). Pero Jesús dijo, "(La Biblia) también dice, 'No tentarás al Señor tu Dios'" (4:12).

Entonces el diablo se retiró y los ángeles vinieron a cuidar a Jesús. Cuando abandonó el desierto, ya estaba fuerte y dispuesto a hacer la voluntad de Dios.

¿Cuándo te has sentido tentado a hacer algo malo?

¿Cómo le dijiste "no" a la tentación y "sí" a las buenas acciones?

Cuatro medios para resistir las tentaciones

LA LECTURA DE LA PALABRA DE DIOS

Cuando Jesús fue tentado, el respondió citando la Palabra de Dios. La Biblia nos ofrece muchas cosas que nos ayudan a hacer el bien y a conocer la voluntad de Dios; entre ellas se incluyen reglas, palabras de consuelo, y palabras que nos dan fuerza para resistirnos a la tentación. Durante la Cuaresma, invierte algo más de tiempo leyendo la Biblia.

¿Qué tipo de ayuda necesitas obtener de la Biblia?

LA ORACIÓN

Con frecuencia, Jesús oró solo. Él sabía que su fuerza venía del cielo. La oración es también una gran fuente de fortaleza para nosotros. Durante esta Cuaresma, recuerda rezar todos los días.

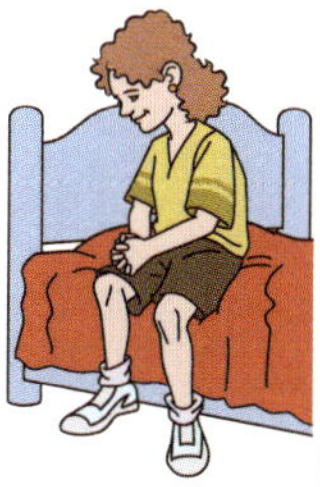

¿Cómo te gusta rezar?

¿Por qué cosa quieres rezar durante esta Cuaresma?

EL AYUNO

Jesús ayunó en el desierto para acercarse más a Dios. **Ayunar** es comer porciones más pequeñas o hacer solo una comida al día como vía para aproximarse a Dios. Los adultos ayunan durante el Miércoles de Ceniza y el Viernes Santo durante la Cuaresma. También nos abstenemos de comer carne durante todos los viernes de la Cuaresma y optamos por comidas más simples consistentes en pescado, pasta u hortalizas. Tú puedes ayunar durante la Cuaresma renunciando a comer la golosina que más te gusta o el postre, o no sirviéndote por segunda vez.

¿A qué pudieras renunciar en esta Cuaresma para aproximarte más a Dios?

LA LIMOSNA

Limosna es aquello que, como dinero, alimentos o ropa, entregamos a los pobres. La Cuaresma es un buen momento para ayudar a los necesitados de tu localidad. Si entregas tu tiempo, dinero o cosas a otros, están ocupándote de tu prójimo tal como pide Jesús.

¿Qué puedes entregar a otros en esta Cuaresma?

Los símbolos de la Cuaresma

LAS CENIZAS

El Miércoles de Ceniza asistimos a una misa especial en la que el sacerdote bendice las **cenizas** con las que después hace la señal de la cruz sobre nuestras frentes. Las cenizas se obtienen de las palmas del Domingo de Ramos del año anterior que han sido quemadas y, después, bendecidas. Ellas nos recuerdan que debemos darle la espalda al pecado y que, sin Dios, somos como polvo o cenizas —algo que no tiene vida.

LOS COLORES

Durante la mayor parte de la Cuaresma, el sacerdote viste de morado durante la misa. El **morado** es el color del arrepentimiento, una muestra de pesar. El cuarto domingo de Cuaresma pasa a vestir del color de **rosa** como señal de que la alegría de la Pascua ya está muy próxima.

LOS RAMOS

El **Domingo de Ramos**, una semana antes de la Pascua, la Iglesia da inicio a la Semana Santa. Agitamos hojas de palma en recuerdo de la entrada de Jesús a Jerusalén (Mateo 21:1–11; Marcos 11:1–11; Lucas 19:28–40; Juan 12:12–19). Las hojas de palma nos recuerdan honrar a Jesús como rey nuestro.

y cómo esas cosas nos pueden ayudar a decir "no" al demonio.

Nos pueden recordar cuáles son las reglas de Dios formuladas para nosotros y por qué Dios quiere que cumplamos esas reglas. Podemos darnos cuenta de cómo es la vida cuando vivimos como Jesús y por qué es importante que nos tratemos y tratemos a los demás como Jesús nos enseñó a hacerlo. Podemos ver cómo Jesús y sus seguidores dijeron "no" al demonio y eso puede servirnos como inspiración para decir "no" nosotros mismos.

La oración

Da a los niños tiempo para que respondan la primera pregunta de reflexión individualmente. Anímalos a que piensen en todas las formas en que el grupo ha rezado durante estas sesiones si es que no se sienten seguros de cómo responder.

Pide después que los niños respondan la segunda pregunta de reflexión escribiendo una intención particular en un nota adhesiva o en una tarjeta de identificación y diles que no pongan su nombre. Recoge las intenciones de los niños. Úsalas en tu oración final de hoy.

El ayuno

Aclara que el ayuno no quiere decir que renunciemos a elegir alimentos saludables, sino renunciar a repetir platos o a deleitarnos con golosinas. Insísteles a los niños que, si desean ayunar o ayunar en familia —lo cual es todavía mejor— siempre deben decírselo a sus padres. Si por alguna razón los niños no pueden ayunar (por ejemplo, por algún problema de salud), no hay problema con que no ayunen. Jesús no quiere que dañemos nuestro cuerpo y hay otras cosas, aparte de los alimentos, de las que podemos ayunar (de televisión y del chisme, por ejemplo).

Respondan las preguntas de reflexión entre todo el grupo haciendo una lista de todas las cosas de las cuales los niños pueden hacer ayuno durante esta Cuaresma (incluyendo los alimentos, pero no limitándose exclusivamente a ellos).

La limosna

Respondan la pregunta de reflexión entre todos haciendo una lista de qué pueden dar los niños a otras personas durante esta Cuaresma (incluyendo dinero pero no limitándose solo a él).

Los símbolos de la Cuaresma

Si te fue posible traer algunos de los símbolos más comunes de la Cuaresma, circúlalos entre los niños o sitúalos en sitio al que todos puedan acercarse para verlos (como una mesa o escritorio situado al frente del salón. También pueden hacer una breve visita al templo parroquial si está vacío en ese momento y si hay en él símbolos de la Cuaresma que puedan ver los niños.

Actividad

Al aproximarse el final de la lección, reserva un tiempo para que los niños completen la actividad final o invítales a que la concluyan en la casa. Circula entre ellos mientras están trabajando, reconociendo las respuestas correcta y aclarando cualquier confusión que haya.

Las respuestas correctas aparecen a continuación.

¿QUÉ SIGNIFICA?

Traza una línea para conectar cada palabra de la izquierda con su significado a la derecha.

Hojas de palma	Deseo o atracción por el pecado
Limosna	Dejar de comer
Cenizas	Hablar con Dios
Ayuno	La Palabra de Dios escrita e historias sobre el pueblo de Dios
Oración	Lo que la multitud agita al paso de Jesús
La Biblia	Dar dinero o comida a los pobres
Tentación	Las hojas de palma quemadas

Resumen

- Los principales temas abordados durante la Cuaresma incluyen el arrepentimiento, el sacrificio, el crecimiento y el triunfo sobre las tentaciones.
- La práctica del ayuno, la oración y la limosna son de la mayor importancia durante la Cuaresma.
- Muchos símbolos están asociados a la Cuaresma.

Jornada de Fe para Niños, Discernimiento, D2 (827013)

Imprimi Potest: Stephen T. Rehrauer, CSsR, Provincial de la Provincia de Denver.

Imprimatur: "Conforme al *CIC* 827, el 20 de septiembre de 2017, el reverendo Mark S. Rivituso, obispo auxiliar de la archidiócesis de St. Louis, concedió el permiso de publicación. El Imprimátur es un permiso para la publicación que indica que la obra no contiene contradicciones con las enseñanzas de la Iglesia Católica, sin embargo no implica la aprobación de las opiniones que se expresan en ella. Con este permiso no se asume ninguna responsabilidad".

Jornada de Fe © 2000, 2017 Liguori Publications, Liguori, MO 63057. Para hacer pedidos, visite *Liguori.org* o llame al 800-325-9521. Liguori Publications, corporación no lucrativa, es un apostolado de los Redentoristas. Para saber más acerca de los Redentoristas visite "Redemptorists.com".

Editores de Jornada de Fe para Niños 2017: Theresa Nienaber-Panuski and Pat Fosarelli, MD, DMin.

Diseño y producción: Wendy Barnes, John Krus, Lorena Mitre Jimenez, Bill Townsend. Ilustraciones: Jeff Albrecht.

Impreso en los Estados Unidos de América. 21 20 19 18 17 / 5 4 3 2 1. Tercera edición.

Hojas de palma	Deseo o atracción por el pecado
Limosna	Dejar de comer
Cenizas	Hablar con Dios
Ayuno	La palabra de Dios e historias sobre el pueblo de Dios
Oración	Lo que la multitud agitaba al paso de Jesús
La Biblia	Dar dinero o comida a los pobres
Tentación	Las hojas de palma quemadas

Oración final

Pide a los niños que cada uno una sus manos e incline la cabeza. Lee entonces cada una de las peticiones que ellos hicieron y tú recogiste previamente en esta misma lección. Recen una decena de los Misterios Dolorosos por esas intenciones.

Tarea

Pide a los niños que, de regreso a casa, creen con su familia un "Plan de acción para la Cuaresma". Su plan de acción deberá incluir al menos una cosa por la que puedan rezar juntos en familia, una cosa de la que puedan ayunar en familia y una cosa que puedan sacrificar en beneficio de otras personas (una cosa física o tiempo que puedan dedicar a hacer un servicio).

D3: Reflexionar para elegir

Catecismo: 1434–39, 1777–94

Objetivos

- Comenzar a practicar el examen diario de conciencia.
- Admitir que la misericordia de Dios se da gratuitamente y es para todos.
- Reconocer que los escrutinios destinados a la introspección y al arrepentimiento.

Meditación del maestro

Mateo 21:28–32

Pídele perdón a Dios por la veces en que las que tuviste la intención de hacer alto pero no persististe en su ejecución. Dedica un momento a mirarte por dentro. ¿Qué te distrae y te impide vivir tu vida con tanta plenitud como es tu intención?

Preparación del maestro

- Lee la lección, este plan de clase, el pasaje de la escritura y las secciones del *Catecismo*.
- Dispón de lupas (opcional).
- Familiarízate con el vocabulario de esta sección: escrutar, escrutinios, examen. Las definiciones se encuentran en el glosario de esta guía.

Bienvenida

Saluda a los niños según vayan llegando. Comprueba si dispones de los materiales y artículos diversos que pudieras necesitar. Pide que hagan cualquier pregunta o comentario que tengan acerca de la sesión anterior y/o compartan con el grupo cualquier nueva información o conclusión en su poder. Comienza rápidamente.

Lectura inicial

Mateo 21:28–32

Enciende la vela y lee en voz alta. Después de leer, pide a los niños que dediquen un momento de silencio a examinar su corazón. ¿Cuándo han defraudado a otras personas al desistir ustedes de algo? ¿Cuándo han fallado y no han vivido según su fe?

> La educación de la conciencia es una tarea de toda la vida....La educación de la conciencia garantiza la libertad y engendra la paz del corazón.
>
> *CIC* 1784

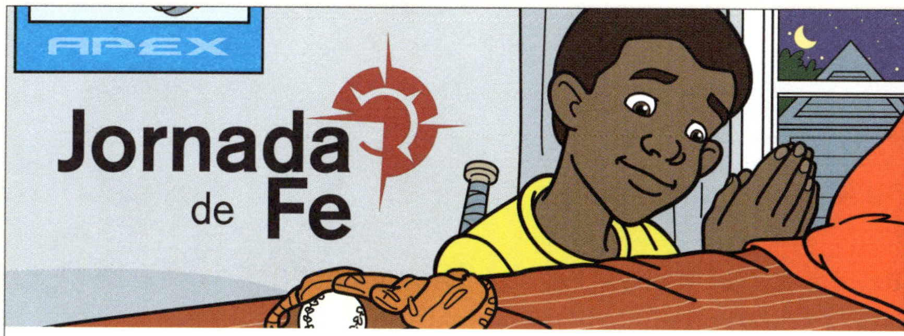

D3 DISCERNIMIENTO

Reflexionar para elegir

"Vamos a imaginarnos una situación y quiero que ustedes me digan si lo que hizo esa persona fue correcto o incorrecto", anunció la señora Evans. "Uno de los niños del aula de ustedes fue a la taquilla de otro y se robó sus zapatos de hacer deportes".

"¡Eso es malo!" Terrence fue el primero en hablar y lo hizo bien alto.

"Sí", asintió la señora Evans. "Pero... ¿y si se enteraran de que los padres de ese niño o niña no podía comprarle los zapatos y él o ella los necesitara para las clases?"

Ahora el grupo se tomó un poquito más de tiempo para pensarlo.

NIÑOS

CIC 1434–39, 1777–94

Mirarnos por dentro

Antes de comenzar la lección, ayuda a los niños a familiarizarse con el concepto de "escrutar" algo. Para ello, utilizarán un objeto del aula o algo que tienen en la mochila. Si dispones de lupas, entrégaselas ahora. Diles que anoten todos los detalles que vean al "escrutar" ese objeto y que con anterioridad no habían notado.

Pasa entonces al texto de la lección impresa correspondiente al día de hoy que se les ha entregado y pide a los niños que piensen en qué pudieran encontrar cuando "escruten" sus acciones y decisiones.

Primer escrutinio

Si tienes tiempo, lee el pasaje de las Escritura correspondiente al primer escrutinio, el de Juan 4:5–42. Si quieres que los niños se sientan más involucrados, pueden hacer que los niños se turnen en la lectura de la Biblia, o puedes lograr un enfoque más activo si los niños montan una representación de la narración. En dependencia del tamaño de tu grupo, puedes dividir a los niños en tres grupos, cada uno de los cuales representará la narración correspondiente a uno de los escrutinios.

Después de leído (o representado) la narración bíblica del primer escrutinio, respondan en conjunto las respuestas de reflexión.

Jesús es nuestra agua viva porque nos ofrece vida eterna y es nuestra fuente de vida. El bautismo nos concede la vida eterna porque cuando nos convertimos en miembros de la familia de Dios, se nos promete la vida eterna con Dios en el cielo. Si realmente vivimos como Jesús, tendremos vida eterna y estaremos por siempre junto a Dios en el cielo.

DISCERNIMIENTO

JORNADA DE FE

"Todavía sigo pensando que eso es incorrecto", dijo Lisa. "Ese niño podía haber pedido que le prestaran los zapatos, pero la verdad es que no parece tan malo como si los hubiera robado sin motivo alguno".

La señora Evans asintió, "El porqué hacemos las cosas importa. A eso le dedicaremos hoy nuestra clase. Examinaremos atentamente nuestras acciones, las razones por las que tomamos las decisiones y en qué podemos ser mejores. Eso se llama escrutar".

Mirarnos por dentro

Jesús nos da reglas muy claras acerca de qué es bueno y qué es malo pero, así y todo, a veces nos confundimos cuando otras voces (e incluso nuestra propia voz) ahogan la voz de Jesús. Es por eso que es importante que realmente **escrutemos** o examinemos con gran atención las cosas que hacemos y cómo nos sentimos cuando tomamos una mala decisión.

Esto es tan importante que el RICA hasta tiene un rito que denominamos los escrutinios. Los **escrutinios** están destinados a ayudarte a poner al descubierto las veces en que dices no a Dios y a darte la fuerza necesaria para darle siempre a él tu sí. Solo participarás en los escrutinios si todavía no has sido bautizado. Sin embargo, incluso en el caso de que ya hayas sido bautizado podrás aprender mucho de lo que los escrutinios enseñan.

Primer escrutinio

CRISTO ES AGUA VIVA

En el relato de los Evangelios en el que Jesús se encuentra con la mujer samaritana en el pozo (Juan 4:5–42), él le dice a ella que él es agua viva:

> *"Jesús le respondió, 'Todo el que beba de esta agua, volverá a tener sed; pero el que beba del agua que yo le dé, no tendrá sed jamás, sino que el agua que yo le dé se convertirá en él en fuente de agua que brota para vida eterna'".*
>
> *Juan 4:13–14*

¿En qué sentido es Jesús nuestra agua viva?

¿De qué manera da el bautismo la vida eterna?

Segundo escrutinio

CRISTO ES LA LUZ DEL MUNDO

En el relato de los Evangelios en el que Jesús sana al ciego de nacimiento (Juan 9:1–41), Jesús se llama a sí mismo la Luz del Mundo:

> *"Mientras estoy en el mundo, soy luz del mundo".*
> *Juan 9:5*

¿En qué forma conocer a Jesús ayuda a comprender el mundo de manera clara?

Tercer escrutinio

CRISTO ES LA RESURRECCIÓN Y LA VIDA

En el relato de los Evangelios en el que Jesús devuelve la vida a su amigo Lázaro (Juan 11:1–45), Jesús se llama a sí mismo la resurrección y la vida.

> *"Jesús le respondió (a Marta), 'Yo soy la resurrección El que cree en mí, aunque muera, vivirá; y todo el que vive y cree en mí, no morirá jamás'".*
> *Juan 11:25–26*

¿Cómo es la vida nueva que da Jesús?

EXAMINAR JUNTO A JESÚS NUESTRAS ACCIONES

San Ignacio de Loyola sabía que seguir la voluntad de Dios y hacer buenas decisiones era la mejor manera de llevar una vida santa. ¡San Ignacio hablaba todos los días con Dios acerca de cómo hacer mejor las cosas! De hecho, san Ignacio pensaba que esto era tan importante que creó una forma de orar en cinco pasos para que otras personas pudieran hacer eso también. A esa forma de orar le llamamos el **examen** porque es algo que hacemos todos los días para examinar nuestras vidas.

1. Recuerda que Dios está contigo. Siempre que oramos, Dios viene a nosotros de una manera especial.
2. Di "gracias". Dios nos da todos los días un montón de regalos. Según vayas repasando lo que hiciste hoy da gracias a Dios por todo lo que te dio.
3. Pídele ayuda al Espíritu Santo. El Espíritu Santo puede ayudarte a analizar con claridad tus acciones y comprender tus elecciones.
4. Revisa el día transcurrido. Piensa en todo lo sucedido. Presta atención a lo que hiciste y a por qué hiciste esas elecciones. ¿Le dijiste "sí" a Dios en cada ocasión que se te presentó la posibilidad?
5. Di "Perdón". Todos tomamos malas decisiones a veces. Si te das cuenta de que tomaste una mala decisión, pide perdón a Jesús. Pídele que te ayude a actuar mejor la próxima vez. Entonces termina tu Examen con un Padre Nuestro.

Segundo escrutinio

Después de leer (o representar) la narración bíblica correspondiente al segundo escrutinio, se dará una respuesta grupal a la pregunta de reflexión.

Cuando conocemos a Jesús, aprendemos cómo vivir una vida mejor. Aprendemos cómo debemos tratar a las demás personas y a nosotros mismos. Aprendemos a hacer la elección correcta, aun cuando sea difícil. Aprendemos qué es lo que significa ser verdaderamente feliz y cómo encontrar la felicidad fuera de las cosas terrenales como el dinero, los juguetes o la popularidad.

Tercer escrutinio

Después de leer (o representar) la narración bíblica correspondiente al tercer escrutinio, lleguen entre todos a una respuesta a la pregunta de reflexión.

En el bautismo recibimos, por medio de Jesús, una nueva vida en Dios porque "re-nacemos" como miembros de la familia de Jesús.

Examinar junto a Jesús nuestras acciones

Reserva diez o quince minutos para orientar a los niños en el rezo del *examen*.

Anima a los niños a anotar su reflexión en sus diarios de oración si es que les resulta útil (no se les pedirá que la comenten con los demás).

Actividad

Reserva algún tiempo para que, al final de la clase, los niños puedan terminar la actividad "Decir 'sí' a Dios", ya sea individualmente o en parejas. Circula por entre los niños mientras trabajan, manifiesta tu aprobación a las respuestas correctas y aclara cualquier confusión que exista. Hemos elaborado para ti una actividad a modo de muestra, aunque debes tener en cuenta que las oraciones correspondientes a las respuestas de los niños pueden variar.

En cada una de las situaciones que se describen a continuación, señala si le dijiste "sí" o "no" a Dios con tu comportamiento. Después escribe una oración explicando por qué esa conducta es o no la que Dios espera de ti.

1. Una bola de amigos tuyos se están riendo de la ropa de alguien. Tú te les unes.

Sí (No)

Por qué: Dios nos pide que veamos a todos como los ven sus ojos. Cuando juzgamos por la ropa que usa, le estamos diciendo "no" a Jesús.

2. Tu amigo te pide que le soples una pregunta en una prueba sorpresa. En vez de hacerlo, te ofreces para ayudarlo a estudiar.

(Sí) **No**

Por qué: Soplar es malo pero, como quieres ayudarlo a que salga bien en la prueba, ayúdalo a estudiar y así estarás haciendo lo correcto en la forma correcta.

3. Te aburres durante la misa, así que decides empezar a enviar mensajes de texto en vez de prestar atención.

Sí **(No)**

Por qué: Sentirse aburrido en la misa no es hacer algo malo pero elegir ignorar a Dios es decir "no" a establecer una relación con Dios. Cuando nos sentimos aburridos en la misa podemos encontrar algo que nos ayude a prestar atención. Podemos, por ejemplo, pensar en cómo las lecturas se relacionan entre sí o en qué dicen los cantos sobre Jesús.

4. Oyes a tus compañeros de clases hablar mal de alguien. No haces nada.

Sí **(No)**

Por qué: Dios nos pide que defendamos a los demás cuando nadie más lo hace. Si nos limitamos a ignorar lo que está sucediendo, no estamos participando en el chisme pero tampoco estamos defendiendo a la persona afectada.

5. Tu hermana está estudiando para un examen muy importante, así que te ofreces para hacer por ella las tareas domésticas después de la cena.

(Sí) **No**

Por qué: Quizás no podamos ayudar a nuestra hermana a estudiar, pero si la ayudamos con sus tareas domésticas le permitiremos que se enfoque en sus estudios y le estaremos demostrando que la queremos.

DECIR SÍ A JESÚS

En cada una de las situaciones que se describen a continuación, señala si le dijiste "sí" o "no" a Dios con tu comportamiento. Después escribe una oración explicando por qué esa conducta es o no la que Dios espera de ti.

Una bola de amigos tuyos se están riendo de la ropa de alguien. Tú te les unes.

Sí No

Por qué: ______

Tu amigo te pide que le soples una pregunta en una prueba sorpresa. En vez de hacerlo, te ofreces para ayudarlo a estudiar.

Sí No

Por qué: ______

Te aburres durante la misa, así que decides empezar a enviar mensajes de texto en vez de prestar atención.

Sí No

Por qué: ______

Oyes a tus compañeros de clases hablar mal de alguien. No haces nada.

Sí No

Por qué: ______

Tu hermana está estudiando para un examen muy importante, así que te ofreces para hacer por ella las tareas domésticas después de la cena.

Sí No

Por qué: ______

Resumen

- El examen diario de conciencia nos aproxima a Dios.
- La misericordia de Dios se da gratis y es para todos.
- Los escrutinios son ritos destinados a la introspección y al arrepentimiento.

Jornada de Fe para Niños, Discernimiento, D3 (827013)

Imprimi Potest: Stephen T. Rehrauer, CSsR, Provincial de la Provincia de Denver.

Imprimatur: "Conforme al CIC 827, el 20 de septiembre de 2017, el reverendo Mark S. Rivituso, obispo auxiliar de la archidiócesis de St. Louis, concedió el permiso de publicación. El Imprimátur es un permiso para la publicación que indica que la obra no contiene contradicciones con las enseñanzas de la Iglesia Católica, sin embargo no implica la aprobación de las opiniones que se expresan en ella. Con este permiso no se asume ninguna responsabilidad".

Jornada de Fe © 2000, 2017 Liguori Publications, Liguori, MO 63057. Para hacer pedidos, visite *Liguori.org* o llame al 800-325-9521. Liguori Publications, corporación no lucrativa, es un apostolado de los Redentoristas. Para saber más acerca de los Redentoristas visite "Redemptorists.com".

Editores de Jornada de Fe para Niños 2017: Theresa Nienaber-Panuski and Pat Fosarelli, MD, DMin.

Diseño y producción: Wendy Barnes, John Krus, Lorena Mitre Jimenez, Bill Townsend. Ilustraciones: Jeff Albrecht.

LIBROS LIGUORI

Impreso en los Estados Unidos de América. 21 20 19 18 17 / 5 4 3 2 1. Tercera edición.

Oración final

Concluye esta lección invitando a los niños a ofrecer sus peticiones y rezando esta letanía abreviada.

L: Señor, ten piedad.

R. Señor, ten piedad.

L: Cristo, ten piedad.

R. Cristo, ten piedad.

L. Señor, óyenos.

R. Señor, escúchanos.

L. Señor, guíanos para que hagamos un sincero examen de conciencia. Envía a tu Espíritu Santo a guiarnos. Ayúdanos a sentir el suave contacto del amor del Padre. Tú que eres el amor mismo, ten misericordia de nosotros y atiende todas nuestras peticiones, dichas o expresadas en silencio.

Tarea

Pide a los niños y sus familiares que practiquen el *examen* al menos una vez durante esta semana. Lo pueden encontrar en la lección impresa que han recibido. Invita a los niños a que dirijan el rezo en familia como lo hiciste tú hoy con ellos durante la sesión.

D4: El Credo

Catecismo: 166–75, 185–97

Objetivos

- Descubrir los fundamentos del Credo en Iglesia de los inicios.
- Comenzar a repetir los más importantes principios de la fe tal como se enuncian en el Credo.
- Definir el Credo como un resumen de las doctrinas que unifican la Iglesia.

Meditación del maestro

El Credo de los Apóstoles

Relee el *Credo de los Apóstoles* y reflexiona sobre la verdad expresada en cada frase. Prepárate para compartir tus reflexiones y esas verdades cuando expongas esta lección.

Preparación del maestro

- Lee la lección, este plan de clase, el pasaje de la escritura y las secciones del *Catecismo.*
- Esta lección es una gran oportunidad para revisar los elementos fundamentales de la fe cubiertos en las lecciónes anteriores. Puede adaptar esta lección para enfatizar los conceptos y objetivos de su grupo en particular todavía lucha con, o puede revisar los siguientes lecciones clave:

  P3. La Trinidad: Dios es tres y es uno solo

  P4. ¿Quién es Jesucristo?

  P8. Oraciones católicas

  P12. El pastor de la Iglesia

  P14. María

  P16. ¿Qué es la vida después de la muerte?

  C4. El sacramento de la Confirmación

  C5. El sacramento de la Eucaristía

  C10. El pueblo de Dios

  C11. La Iglesia de los inicios

- Familiarízate con el vocabulario de esta lección: Credo, concebido, ascendido. Las definiciones pueden ser halladas en el glosario de esta guía.

Bienvenida

Saluda a los niños según vayan llegando. Comprueba si dispones de los materiales y artículos diversos que pudieras necesitar. Pide que hagan cualquier pregunta o comentario que tengan acerca de la sesión anterior y/o compartan con el grupo cualquier nueva información o conclusión en su poder. Comienza rápidamente.

Lectura inicial

Romanos 10:9–11

Enciende la vela y lee en voz alta. Explica que cada vez que decimos el Credo en misa, estamos declarando que creemos en la Trinidad, en el misterio pascual y en todo lo que se deriva de ellos. Antes de comenzar la discusión de la lección impresa, pídeles a los niños que piensen en por qué es importante que nuestras creencias hayan sido asentadas por escrito en el Credo.

> Recitar con fe el Credo es entrar en comunión con Dios… y entrar también en comunión con toda la Iglesia que nos transmite la fe y en el seno de la cual creemos.
>
> *CIC 197*

El Credo

"Qué haces?" preguntó Tanya a Lisa.

"Estoy tratando de aprenderme de memoria el compromiso de los participantes en un club al que me uní para mi tiempo libre. En el compromiso hay una lista de las actitudes que el club respalda y de cómo se suponen que nos comportemos los miembros".

"¡Deberíamos escribir un compromiso como ese para nuestra clase del RICA! Vamos a contarle a la señora Evans".

La señora Evans rió, "¿Saben qué? Ya ustedes han hecho algo así con el RICA. Es más, toda la Iglesia Católica lo aplica. Se llama el Credo".

CIC 166–75, 185–97

Creemos

Antes de comenzar el análisis del Credo, escribe (si se dispone de tiempo) un compromiso de la clase del RICA. Pide a los niños que piensen en que es más importante que crea alguien que está cursando el RICA y cómo debería actuar esa persona. Después de que dispongas de una lista bastante extensa, ordena esas creencias empezando por la más importante, y anuncia en voz alta el compromiso de tu clase. Si quieres algo más estructurado, puedes llenar los espacios en blanco para ajustar el compromiso a los deseos de la clase.

Como clase del RICA nosotros creemos ______________________________ ____________________________________ ____________________________________.

También creemos ______________ ____________________________________ ____________________________________.

Y porque creemos actuaremos __ ____________________________________ ____________________________________.

Y prometemos que siempre ____ ____________________________________ ____________________________________.

JORNADA DE FE | **DISCERNIMIENTO**

Creo

Cuando decimos el **Credo**, declaramos nuestra fe en las doctrinas católicas más importantes. Todo católico del mundo las comparte. Todos los católicos la han compartico a lo largo de la historia. ¡Se trata de las mismas enseñanzas que Jesús transmitió a sus discípulos!

EL CREDO DE LOS APÓSTOLES

Creo en Dios Padre Todopoderoso,

creador del cielo y de la tierra.

y en Jesucristo, su único Hijo, nuestro Señor,

que fue concebido por obra y gracia del Espíritu Santo;

nació de santa María Virgen;

padeció bajo el poder de Poncio Pilato;

fue crucificado, muerto y sepultado;

descendió a los infiernos;

al tercer día resucitó de entre los muertos;

subió a los cielos;

y está sentado a la derecha del Padre,

y desde allí ha de venir a juzgar

a los vivos y a los muertos.

Creo en el Espíritu Santo,

la Santa Iglesia Católica,

la Comunión de los Santos,

el perdón de los pecados,

la resurrección de los cuerpos

y la vida eterna.

Amén.

¿En quién y en qué creemos?

Creo en Dios Padre Todopoderoso, creador del cielo y de la tierra...

Mucho antes de que naciéramos nosotros, Dios creó el mundo para que lo disfrutásemos y nos desarrollásemos. Dios lo hizo todo —hasta las cosas que no se pueden ver. Nos dio la vida, una familia, nuestros amigos y la Iglesia. Dios está en todas partes, es eterno y todopoderoso.

y en Jesucristo, su único Hijo, nuestro Señor...

Jesús es el regalo que nos hizo Dios. Él nos muestra y enseña cómo es Dios. Jesús dijo, "Si me conocéis a mí, conoceréis también a mi Padre" (Juan 14:7).

que fue concebido por obra y gracia del Espíritu Santo; nació de santa María Virgen...

Concebido significa que un niño viene a la vida en el interior de su madre. El ángel Gabriel anunció a María el nacimiento de Jesús. Aunque Jesús real y totalmente Dios, él fue también totalmente humano.

padeció bajo el poder de Poncio Pilato; fue crucificado, muerto y sepultado...

Cuando Jesús estaba siendo juzgado, la multitud pidió a gritos a Poncio Pilato que lo crucificara. Muchas personas aceptaron el amor de dios pero otras lo rechazaron. Jesús le fue fiel a Dios Padre y quiso que nosotros nos libráramos del pecado. Jesús nos amó tanto que estuvo dispuesto a morir por nuestros pecados.

descendió a los infiernos; al tercer día resucitó de entre los muertos...

Después de morir. Jesús fue a donde los que habían muerto antes de que él viniera a la tierra, para salvarlos también a ellos. Cuando resucitó en la mañana de Pascua, él demostró que Dios es más fuerte que la muerte.

subió a los cielos; y está sentado a la derecha del Padre...

Jesús **ascendió** (o subió) al cielo con su cuerpo resucitado. Allí vivirá eternamente junto al Padre. Estar "a la derecha de Dios" significa estar donde está Dios.

y desde allí ha de venir a juzgar a los vivos y a los muertos...

Cuando llegue el Juicio Final, Jesús nos recompensará por nuestras buenas obras. El dirá, "Venid, benditos de mi Padre, recibid la herencia del Reino preparado para vosotros..." (Mateo 25:34). Sin embargo, tendremos también la opción de rechazar a Dios y al reino de Dios. Rechazar a Dios significa decidir vivir lejos de Dios por toda la eternidad.

Creo en el Espíritu Santo,...

El Espíritu es Dios, vive en nosotros y en la Iglesia. El Espíritu Santo nos ayuda a orar y amar.

la Santa Iglesia Católica,...

En todo tiempo y lugar, los discípulos de Jesús se congregan en la Iglesia universal. La Iglesia es santa porque le pertenece a Dios y Dios habita en ella.

la Comunión de los Santos,...

La comunión de los santos es la asamblea de los fieles que siguen a Jesús unidos en "un solo cuerpo en Cristo" (Romanos 12:5). En ella están incluidos todos los creyentes —la Iglesia en la tierra, los fieles en el purgatorio y los santos en el cielo.

el perdón de los pecados,...

Dios está siempre dispuesto a perdonarnos cuando nos arrepentimos. La gracia del bautismo nos promete esta misericordia.

la resurrección de los cuerpos y la vida eterna...

Esperamos ir un día al cielo para vivir por siempre junto a Dios, y en virtud de la Resurrección de Jesucristo, Dios dará a nuestros cuerpos la vida que dura para siempre.

Amén.

Amén significa, "¡Sí! Así Es! ¡Yo creo!"

Creo en Dios Padre Todopoderoso, creador del cielo y de la tierra...

Elaboren, todo el grupo conjuntamente, una lista que contenga tantas cosas del cielo y de la tierra como les vengan a la mente en cinco minutos. Si el grupo es grande, puedes dividir a los niños en equipos y ver quién puede mencionar más cosas. (Alternativamente, puedes poner en la pizarra o en un papel todas las letras del alfabeto para ver si logran mencionar una cosa creada por Dios que comience con cada una de ellas).

y en Jesucristo, su único Hijo, nuestro Señor...

Lean Juan 13:3–17 en el grupo. Pide a los niños que, de forma individual o en parejas, escriban lo que narra el pasaje.

Las respuestas incluyen: Jesús es nuestro maestro y señor, Jesús vino a servir, Jesús nos llama para que también sirvamos a los demás, Jesús hombre es nuestro modelo de vida moral.

que fue concebido por obra y gracia del Espíritu Santo; nació de santa María Virgen...

Pregunta a los niños si pueden recordar el nombre del ángel que dijo a María que ella traería al mundo al hijo de Dios. (*Gabriel*)

y desde allí ha de venir a juzgar a los vivos y a los muertos...

Pregunta a los niños si pueden recordar los dos tipos de juicios estudiados en la lección P16. *¿Qué es la vida después de la muerte?*

Después, discutan por qué será Jesús quien juzgará a los vivos y los muertos.

Entre las respuestas sugeridas pudieran estar: Jesús vivió como hombre y conoce, de primera mano, las tentaciones y los conflictos propios de la naturaleza humana. Jesús nos cómo es una vida centrada en Dios. Jesús nos ama y nos juzgará con justicia y sabiduría.

Actividad

Al acercarse el final de esta sesión, deja tiempo para que los niños puedan completar la actividad final "Yo creo..." Las respuestas serán diversas, así que camina por entre los niños mientras trabajan para dar tu aprobación a las respuestas correctas o aclarar cualquier confusión. Pide a los niños que hagan memoria y recuerden de qué hablaron en la lección P3 cuando discutieron el tema de la Santísima Trinidad.

Si algunos niños terminan esta actividad rápidamente, invítalos a que intenten reescribir *el Credo de los Apóstoles* de forma que resulte fácil explicarlo a alguien que no tenga conocimientos previos de la fe católica.

Creo

Escribe, con tus propias palabras, una creencia que hoy hayas adquirido sobre cada una de las personas de la Trinidad.

Padre Todopoderoso, yo creo...

Señor Jesús, yo creo...

Espíritu Santo, yo creo...

Resumen

- El Credo tiene sus raíces en la Iglesia de los inicios.
- El Credo resume los principios fundamentales de nuestra fe.
- El Credo nos unifica como Iglesia.

Jornada de Fe para Niños, Discernimiento, D4 (827013)

Imprimi Potest: Stephen T. Rehrauer, CSsR, Provincial de la Provincia de Denver.

Imprimatur: "Conforme al CIC 827, el 20 de septiembre de 2017, el reverendo Mark S. Rivituso, obispo auxiliar de la archidiócesis de St. Louis, concedió el permiso de publicación. El Imprimátur es un permiso para la publicación que indica que la obra no contiene contradicciones con las enseñanzas de la Iglesia Católica, sin embargo no implica la aprobación de las opiniones que se expresan en ella. Con este permiso no se asume ninguna responsabilidad"..

Editores de Jornada de Fe para Niños 2017: Theresa Nienaber-Panuski and Pat Fosarelli, MD, DMin.

Diseño y producción: Wendy Barnes, John Krus, Lorena Mitre Jimenez, Bill Townsend. Ilustraciones: Jeff Albrecht.

Impreso en los Estados Unidos de América. 21 20 19 18 17 / 5 4 3 2 1. Tercera edición.

Oración final

Pregunta a los niños si tienen alguna intención particular para esta semana. Después reciten juntos *el Credo de los Apóstoles*.

Tarea

Orienta a los niños que esta semana recen *el Credo de los Apóstoles* con sus familias. Pueden hacerlo en la mañana, antes de la cena o en cualquier otro momento en que la familia se reúna.

D5: El Vía Crucis

Catecismo: 2663–69

Objetivos

- Rememorar las raíces históricas del Vía Crucis.
- Reflexionar sobre las catorce estaciones tradicionales, examinando sus fundamentos en el Evangelio.
- Admitir que seguir a Jesús exige que carguemos nuestras propias cruces.

Meditación del maestro

Mateo 26—27, Marcos 14—15; Lucas 22—23; o Juan 18:12—19:38

Lee lenta y reflexivamente cualquiera de los relatos de la Pasión. Hazte parte de la multitud, testigo de todo lo que está sucediendo. Recuerda que Jesucristo se sometió a su pasión y muerte para abrir las puertas a la vida eterna y pudiéramos llegar a conocer y compartir la abundante vida que da Cristo.

Preparación del maestros

- Lee la lección, este plan de clase, el pasaje de la escritura y las secciones del *Catecismo*.
- Organízalo todo de manera que esta lección pueda impartirse en el templo (o en cualquier lugar en el que tu iglesia tenga las representaciones visuales de las estaciones) para que los niños puedan desplazarse de estación en estación durante el desarrollo de la lección. Si ello no fuese posible, trata de conseguir los medios auxiliares que puedas usar en el aula o anima a los niños para que recorran las estaciones en algún momento de los próximos días.

Bienvenida

Saluda a los niños según vayan llegando. Comprueba si dispones de los materiales y artículos diversos que pudieras necesitar. Pide que hagan cualquier pregunta o comentario que tengan acerca de las sesiones anteriores y/o compartan con el grupo cualquier nueva información o conclusión en su poder. Comienza rápidamente.

Lectura inicial

Marcos 15:21–39

Enciende la vela y lee en voz alta. Pide a los niños que se imagen a sí mismos participando en el relato. ¿Qué aspecto tiene la escena? ¿Cómo huele? ¿A quiénes pudieran ver participando en la escena? ¿Estarían ellos en primera fila y verían a Jesús? ¿O estarían escondiditos por allá atrás, temerosos de ser vistos?

> La oración cristiana practica el Vía Crucis siguiendo al Salvador. Las estaciones desde el Pretorio, al Gólgota y al Sepulcro jalonan el recorrido de Jesús que con su santa Cruz nos redimió.
>
> *CIC 2669*

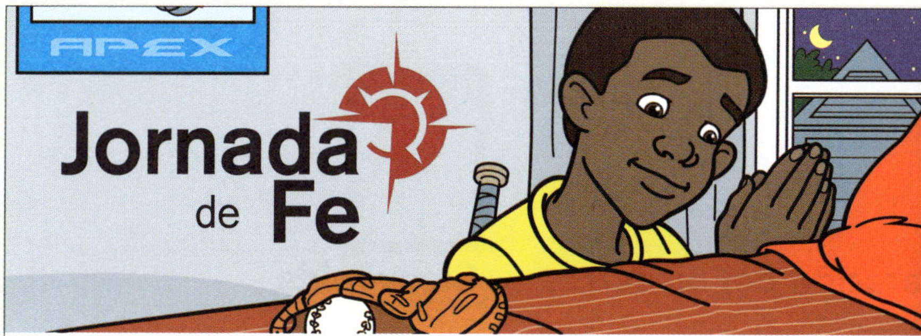

D5 DISCERNIMIENTO

El Vía Crucis

"Hoy", anunció la señora Evans, "vamos a aprender lo que significa seguir los pasos de Jesús".

"¿No es eso lo que hacemos todos los días?" preguntó Terrence.

"Sí", asintió la señora Evans. "Pero hoy vamos a seguir a Jesús en una forma muy especial. Los católicos tenemos una devoción especial llamada el Vía Crucis. Cuando lo recorremos, seguimos el camino que condujo a Jesús a su muerte. Al recorrerlo reflexionamos sobre nuestras propias cruces, sobre las cosas que hacen parecer difícil nuestra vida, y recordamos que la Pascua y la nueva vida en Dios, vendrá pronto".

NIÑOS

CIC 2663–69

D5

El Vía Crucis

Analicen entre todos las preguntas de reflexión.

Las personas tienen que vérselas con las dolencias, las enfermedades, con la falta de comida o de ropas, con la carencia de un techo bajo el cual resguardarse, con el hostigamiento o bullying, etc.

Pregunta a los niños si alguna vez se han sentido preocupados o temerosos de no haber actuado correctamente. Discutan por qué a veces el hacer lo correcto puede resultar difícil.

Antes de empezar el Vía Crucis, pide a los niños que piensen en lo que significa ser un verdadero seguidor de Jesús.

Las respuestas que sugerimos incluyen las siguientes: elegir lo correcto aunque sea difícil, servir a los demás y sacrificarse por ellos, procurar el perdón cuando actuamos mal, y otras por el estilo.

Siguiendo las huellas de Jesús

Reza el Vía Crucis con el grupo. Solicita voluntarios que se turnen en la lectura de las oraciones que aparecen en la lección impresa y corresponden a cada una de las estaciones. Haz una pausa en cada estación para dar a los niños la oportunidad de escribir en su diario de oraciones o reflexionar en silencio.

Anímalos a que también hagan preguntas (esta es todavía una sesión de instrucción). No hay problema con que nos tomemos más tiempo en unas estaciones que en las otras si es que los participantes tienen más preguntas o si surge la discusión de un tópico relacionado con el tema.

DISCERNIMIENTO

JORNADA DE FE

¿Qué clases de cruces carga hoy la gente?

Siguiendo las huellas de Jesús

Son catorce las estaciones tradicionales del Vía Crucis. Cada una de las estaciones se centra en un momento del sufrimiento de Jesús. El Vía Crucis nos recuerda que no estamos solos, ni siquiera cuando la vida resulta difícil. Jesús sufrió por nosotros, nos dio vida eterna. A veces también nosotros tenemos que cargar cruces, pero Jesús siempre estará con nosotros.

1. Jesús es condenado a muerte.

A Jesús lo acusaron de cosas que no había hecho. Pilato, el gobernante, preguntó al pueblo si pensaba que debía liberar a Jesús. Ellos le respondieron a gritos, "Crucifícalo". Así que Pilato les entregó a Jesús para que lo crucificaran.

Jesús, no es justo que hayas sido enviado a la muerte. Hazme tan humilde como tú cuando me culpen de cosas que no hice.

2. Jesús carga su cruz.

Jesús tuvo que recorrer un largo camino llevando su cruz. ¡La cargó por nosotros!

Yo cargo cruces como las de la preocupación, el miedo y la ira. Ayúdame a llevarlas en tu nombre, Jesús. Guía el camino y dame la esperanza que nace de ti.

3. Jesús cae la primera vez.

A Jesús lo golpearon ferozmente. Él estaba muy débil. Él cayó por lo pesada que era su cruz.

Me entristece verte caer al suelo, Jesús. Ayúdame a levantarme cada vez que yo no consiga seguirte.

4. Jesús se encuentra con su madre.

¡Imagínate lo triste que tiene que haber estado María! Tiene que habérsele hecho pedazos el corazón al ver el sufrimiento de Jesús.

Santa María, tú estás triste y asustada por lo que está pasando Jesús. Tú sabes que él va a morir pero no te apartas de su lado. Ayúdame a cuidar y no abandonar nunca a las personas que amo.

5. Simón ayuda a Jesús a llevar su cruz.

Jesús estaba muy débil. Los soldados forzaron a Simón de Cirene, un hombre que estaba entre la multitud, a ayudar a Jesús a llevar su cruz.

Si yo estuviera junto a ese camino, quisiera que naciera de mí el ayudarte sin que tuvieran que forzarme a hacerlo. Hoy puedo ayudarte ayudando a mi familia y mis amigos.

6. Verónica enjuga la cara de Jesús.

El rostro de Jesús estaba lleno de sudor, polvo y sangre. Verónica usó su velo para enjugarle la cara. La imagen del rostro de Jesús quedó grabada en el velo.

Dios, solo tú puedes borrar la tristeza. Hacemos el mundo mejor cuando nos proporcionamos consuelo los unos a los otros. Jesús, ayúdame a perdonar y a buscar el perdón.

7. Jesús cae por segunda vez.

La jornada se hacía cada vez más difícil. Jesús, tú estabas tan débil que caíste por segunda vez.

Jesús, tiene que haber sido muy pesada tu cruz. Cada paso tiene que haberte producido dolor. Jesús, cuando yo esté a punto de dejarme vencer, ayúdame a seguir esforzándome como tú.

8. Jesús consuela a las mujeres que lloran.

Las mujeres lloraron al ver a Jesús. Él les dijo que no lloraran por él sino por los que sufrirían cuando él se hubiera ido.

Jesús, tú consuelas a las mujeres porque ellas están llorando. Ayúdame a darme cuenta del sufrimiento de los que me rodean. Dame el valor para abrirles los brazos y consolarlos.

9. Jesús cae por tercera vez.

Jesús cayó por tercera vez. Apenas podía levantarse de tan cansado que estaba. Pero siguió avanzando porque nos amaba.

Jesús, tu jornada casi ha concluido pero vuelves a caer. Tú sabes lo que es sentirse débil. No me dejes caer cuando un reto para ser demasiado grande para mí.

10. Jesús es despojado de sus ropas.

Los soldados despojaron de sus ropas a Jesús para avergonzarlo, pero no pudieron arrebatarle su dignidad de Hijo de Dios.

Querido Jesús, cuando me sienta en una situación embarazosa o me sienta herido, recuérdame que soy un hijo de Dios.

11. Jesús es clavado a la cruz.

Los soldados clavaron a Jesús a la cruz y la izaron en lo alto.

Jesús, tus manos han sido fijadas con clavos. Haz que yo sea tus manos en la tierra. No te defendiste porque prestaste oído a tu Padre. Ayúdame a escuchar cuál es el plan que tiene Dios para mí.

12. Jesús muere en la cruz.

Después de tres horas de dolor, Jesús murió. El mundo se hizo oscuro y la tierra tembló...

Jesús tú diste tu vida por mí. Yo quiero darte todo lo que tengo. Ayúdame, por favor.

13. Jesús es descendido de la cruz.

Jesús es retirado de la cruz. María lo tomó en sus brazos como lo había hecho cuando él nació.

María, tú abrazas a tu hijo muerto. Ayúdame cuando yo esté triste y acógeme entre tus brazos cuando tenga problemas.

14. Jesús es sepultado.

Los amigos de Jesús se sintieron tristes al depositarlo en el sepulcro. Se preguntaban qué sucedería después.

Jesús, sabemos que tu muerte es el comienzo. Al morir, nos diste a nosotros una nueva vida. ¡Gracias!

Actividad

Si empleaste bastante tiempo en el Vía Crucis durante esta lección, pide a los niños que terminen la actividad en casa. De lo contrario, dales algún tiempo en el mismo templo, o en el área exterior a él, o cuando regresen al aula, para que la terminen. Anímalos a que sean creativos y, en caso de que no deseen dibujar, invítalos a que escriban un poema, una oración, un cuento o un guion.

Esta actividad sería perfecta para ser compartida con los fieles de la parroquia. Para ello podemos hacer carteles con todas esas creaciones y colgarlas por todo el *campus* de la parroquia. Pregúntales a los niños si no les molestaría que se diera a conocer sus trabajos, y entonces pon en exhibición esas reflexiones como recordatorio de la Cuaresma.

REPRESÉNTATE EL VÍA CRUCIS

Selecciona una estación que sobresaliera o tuviera una especial significación para ti. Dibuja cómo imaginas la escena. ¿Dónde está Jesús? ¿Quién más está allí? ¿Qué están sintiendo? ¿Qué están haciendo?

Resumen

- El Vía Crucis tiene sus raíces en la Iglesia inicial.
- Las catorce estaciones tradicionales señalan la ruta de la pasión y muerte de Jesús.
- Para ser seguidores de Jesús tenemos que cargar nuestras propias cruces.

Jornada de Fe para Niños, Discernimiento, D5 (827013)

Imprimi Potest: Stephen T. Rehrauer, CSsR, Provincial de la Provincia de Denver.

Imprimatur: "Conforme al CIC 827, el 20 de septiembre de 2017, el reverendo Mark S. Rivituso, obispo auxiliar de la archidiócesis de St. Louis, concedió el permiso de publicación. El Imprimátur es un permiso para la publicación que indica que la obra no contiene contradicciones con las enseñanzas de la Iglesia Católica, sin embargo no implica la aprobación de las opiniones que se expresan en ella. Con este permiso no se asume ninguna responsabilidad".

Jornada de Fe © 2000, 2017 Liguori Publications, Liguori, MO 63057. Para hacer pedidos, visite *Liguori.org* o llame al 800-325-9521. Liguori Publications, corporación no lucrativa, es un apostolado de los Redentoristas. Para saber más acerca de los Redentoristas visite "Redemptorists.com".

Editores de Jornada de Fe para Niños 2017: Theresa Nienaber-Panuski and Pat Fosarelli, MD, DMin.

Diseño y producción: Wendy Barnes, John Krus, Lorena Mitre Jimenez, Bill Townsend. Ilustraciones: Jeff Albrecht.

LIBROS LIGUORI

Impreso en los Estados Unidos de América. 21 20 19 18 17 / 5 4 3 2 1. Tercera edición.

Oración final

Pide a los niños que cada uno una sus manos e incline la cabeza mientras lees la siguiente oración dedicada a reflexionar sobre la resurrección de Cristo:

Jesús, tú cumpliste tu promesa y al tercer día resucitaste de entre los muertos. El regalo de tu muerte y resurrección hace posible que nosotros muramos y resucitemos. Tú haces posible que nosotros nos hagamos mejores y transformemos el mundo. Te alabamos por el don de la vida que nos has entregado. Amén.

Tarea

Comunica a los niños cuándo se realizarán los Vía Crucis en esta Cuaresma. Anímalos a que asistan con sus familias. Si no pudieran asistir, o si no se ha organizado el Vía Crucis en tu parroquia, anima a los niños a que utilicen la lección impresa para rezar esta semana el Vía Crucis en compañía de su familia.

D6: La Oración del Señor

Catecismo: 2759–72

Objetivos

- Reconocer que Jesús nos invita a que llamemos Padre a Dios.
- Recordar que la Oración del Señor fue la oración que le dio Jesús a sus discípulos.
- Reflexionar sobre las siete peticiones que contiene la Oración del Señor.

Meditación del maestro

Mateo 6:5–15

Examina tu experiencia de oración. ¿Es la oración una parte espontánea de tu vida diaria? ¿Crees tú que Dios te escucha? ¿Con qué espíritu aceptas la respuesta de Dios cuando las oraciones no son respondidas conforme a *tu* voluntad? ¿Puedes escuchar y ver la amorosa respuesta de Dios aun cuando te sientes frustrado?

Preparación del maestro

- Lee la lección, este plan de clase, el pasaje de la escritura y las secciones del *Catecismo*.
- Consigue ejemplares de la Biblia y del *Catecismo* de la Iglesia Católica para que los niños los utilicen en la actividad final.

Bienvenida

Saluda a los niños según vayan llegando. Comprueba si dispones de los materiales y artículos diversos que pudieras necesitar. Pide que hagan cualquier pregunta o comentario que tengan acerca de la sesión anterior y/o compartan con el grupo cualquier nueva información o conclusión en su poder. Comienza rápidamente.

Lectura inicial

Mateo 6:5–15

Enciende la vela y lee en voz alta. Después de la lectura, estimula la discusión sobre la oración y la respuesta de Dios. Pon énfasis en que todas las oraciones son escuchadas por Dios incluso cuando pensamos que nuestra oración no ha sido escuchada o respondida. A veces es difícil entender las respuestas de Dios, o ellas toman mucho tiempo en manifestarse, o no son las que esperábamos.

> Cuando Jesús ora, ya nos enseña a orar. El camino teologal (el camino de la fe, la esperanza y la caridad) de nuestra oración es su oración a su Padre.
>
> *CIC* 2607

D6 DISCERNIMIENTO

La Oración del Señor

"Lo he estado intentando", dijo Terrence, "pero sigo sin estar seguro de que he comprendido cómo se debe rezar. ¿Cómo lo hacía Jesús?"

"¡No eres tú la primera persona que hace esa pregunta!" contentó la señora Evans. "Si abrimos nuestras Biblias en Lucas capítulo 11, versículos 1-4, veremos que los discípulos le hicieron una pregunta muy parecida a Jesús. Vamos a leerlos para ver cuál fue la respuesta de Jesús".

NIÑOS

CIC 2759–72

D6

La Oración del Señor

Después de leer la lectura inicial, lean en el grupo Lucas 11:1–4. Pregunta a los niños si la respuesta de Jesús que ahí aparece les suena familiar. Si los niños no se disponen a responder, dales pie pidiéndoles que recuerden la misa dominical o las primeras lecciones que les diste sobre las oraciones comunes.

Jesús nos enseña a rezar

Lean ahora todos juntos el Padrenuestro. Invita a los niños a que cierren sus ojos mientras rezan e imaginen que le están diciendo esa oración a Jesús y a sus discípulos como en el pasaje de la Escritura.

DISCERNIMIENTO

JORNADA DE FE

Lee Lucas 11:1–4. ¿Te suena conocida la respuesta de Jesús?

Jesús nos enseña a rezar

Jesús dio a sus discípulos la Oración del Señor cuando ellos le preguntaron cómo debían rezar. Jesús quiso que ellos, y nosotros, supiéramos que Dios nos ama como un padre. Nosotros somos verdaderos hijos de Dios. Ahora reza la Oración del Señor y hazlo en esta ocasión pensando en qué clase de padre es Dios para ti.

LA ORACIÓN DEL SEÑOR

Padre nuestro, que estás en el cielo,
santificado sea tu nombre,
venga a nosotros tu reino,
hágase tu voluntad
así en la tierra como en el cielo.
Danos hoy nuestro pan de cada día,
perdona nuestras ofensas
como también nosotros perdonamos
a los que nos ofenden,
no nos dejes caer en la tentación
y líbranos del mal. Amén.

Padre nuestro, que estás en el cielo, santificado sea tu nombre,

Pregunta a los niños qué creen que significa santificar el nombre de Dios, no solo cuando rezan, sino en todo momento.

Santificamos el nombre de Dios cuando lo tratamos con reverencia. Podemos inclinar la cabeza ligeramente cuando, al rezas, mencionamos el nombre de Dios o el nombre de Jesús. Podemos evitar utilizar el nombre de Dios en forma incorrecta cuando estamos disgustados, y podemos hacer una plegaria pidiendo perdón a Dios si, en alguna ocasión, nos olvidamos y utilizamos su nombre de forma incorrecta.

venga a nosotros tu reino, hágase tu voluntad así en la tierra como en el cielo.

Pregunta a los niños cómo piensan ellos que se puede hacer la voluntad de Dios en la tierra tal como se hace en el cielo. Si los niños necesitan un empujoncito, diles que recuerden de lo que aprendieron sobre el cielo en Preguntas; ahí aprendieron cómo llegamos al cielo y qué hacen los santos por nosotros.

Entre las respuestas sugeridas se incluyen: Hacemos la voluntad de Dios al hablarles de Jesús, la Biblia y nuestra fe a otras personas. La hacemos cuando actuamos como Cuerpo de Cristo sirviendo a otros,

Un modo de orar

Dios te ama como hijo suyo que eres. En la Oración del Señor, damos gracias a Dios por cuidarnos y por estar siempre al tanto de nosotros.

Padre nuestro, que estás en el cielo, santificado sea tu nombre,

Cuando decimos "santificado", estamos diciendo "Dios, tú y tu nombre son sagrados. Escucha, por favor, nuestras plegarias".

venga a nosotros tu reino, hágase tu voluntad así en la tierra como en el cielo.

Con estas palabras estamos rogando que el reino de Dios se instale en la tierra y la humanidad cumpla la voluntad de Dios y trabaje desde este mundo por su salvación.

Danos hoy nuestro pan de cada día,

Nuestro "pan de cada día" no es simplemente el alimento. Es todo lo que necesitamos para vivir, tanto en el sentido físico como en el espiritual. Le pedimos a Dios que nos dé todo lo que necesitamos para crecer y para servirle mejor. Mediante la Sagrada Eucaristía recibimos también de Dios un tipo especial de "pan de cada día". En la Sagrada Eucaristía recibimos el Cuerpo y la Sangre de Jesús y Jesús se hace verdaderamente presente en nosotros.

perdona nuestras ofensas como también nosotros perdonamos a los que nos ofenden,

Cuando ofendemos a alguien, en cualquier sentido, estamos pecando contra esa persona porque la estamos lastimando. Con estas palabras

le pedimos a Dios que perdone nuestros pecados y el daño que hemos ocasionado. También recordamos que también nosotros tenemos que perdonar a quienes nos han lastimado.

no nos dejes caer en la tentación y líbranos del mal.

A veces prestamos más atención a otras voces que a la voz de Dios. Esas voces nos apartan de Dios. Como queremos estar cerca de él, le pedimos a Dios que nos tenga cerca y nos aparte de las cosas y las acciones malas.

Amén.

"Amén" significa "¡Sí! ¡Creo!". De manera que terminamos la Oración del Señor diciéndole a Dios que sí creemos en todo lo que hemos dicho al rezar.

tratando a todos con respeto y viendo a las personas a través de los ojos de Dios en lugar de andar haciendo juicios basados en las apariencias.

Danos hoy nuestro pan de cada día,

Pregunta a los niños qué tipo de pan especial es el que Dios nos da. (*La sagrada Eucaristía.*) Pregúntales después si les vienen a la mente otras cosas que Dios nos da para nuestro alimento físico y espiritual.

Las respuestas sugeridas pueden incluir: Dios nos bendice con el alimento que necesitamos para crecer y permanecer saludables. Dios nos da alimentos y golosinas deliciosos que podemos comer con moderación. Dios nos bendice con alimento espiritual, especialmente con la sagrada Eucaristía, y también en los otros sacramentos. Dios nos da sus leyes para que podamos vivir como Jesús y encontrar la verdadera felicidad.

perdona nuestras ofensas como también nosotros perdonamos a los que nos ofenden,

Pregunta a los niños si conocen la forma especial en que su Jesús nos ofrece su perdón. (*El sacramento de la reconciliación.*) Discutan después otras formas en que podemos mostrar que perdonamos a otros, o que demostramos a otros que nos arrepentimos de haberlos lastimado.

Podemos demostrale a alguien que aceptamos su disculpa y no le guardamos rencor. Podemos dejarle saber a alguien, de forma clara y calmada, que nos sentimos lastimados o disgustados sin ponernos furiosos y responder atacándole. Podemos demostrar que estamos arrepentidos si ofrecemos una disculpa sincera y si, en caso de que nos resulte posible hacerlo, tratamos de remediar lo que hicimos.

no nos dejes caer en la tentación y líbranos del mal.

Entre todo el grupo, hagan una lista de las cuestiones en las que generalmente necesitamos la ayuda de Dios (para sobreponernos al orgullo, la testarudez, la ira; para saber dar y pedir perdón, etc.) Entonces hagan una lista de las formas en que podemos pedir la ayuda de Dios o en que podemos valernos de cosas que Dios ya nos ha dado para que nos sirvan de ayuda.

Por ejemplo: Si nos esforzamos en ser perdonados, podemos crearnos el hábito de orar el examen de conciencia o acudir al sacramento de la reconciliación. Si nos empeñamos en siempre responder airadamente cuando alguien nos lastima, podemos habituarnos a contar hasta diez y después rezar a Dios para que nos ayude a encontrar las palabras adecuadas antes de responder.

Amén.

Concluyan el análisis del Padrenuestro con un "¡AMÉN!" bien alto para demostrar que todo el grupo cree en Dios y le da a él su "sí".

Actividad

Cuando estén llegando al final de la sesión, da tiempo a los niños para que completen la actividad final, "Lo que queremos decir cuando afirmamos que..." de forma individual o con un compañero o compañera. Hemos incluido para ti unas respuestas a modo de muestra. Circula entre los niños mientras trabajan, dando tu aprobación a las respuestas correcta y aclarando cualquier confusión.

Lo que queremos decir cuando afirmamos que...

Dios es nuestro Padre. Dios es nuestro creador y mediante nuestro bautismo nos convertimos en miembros de su familia. Dios nos ama como hijos suyos.

Nosotros santificamos el nombre de Dios. Nosotros damos a su nombre un tratamiento sagrado y santo no solo en la oración sino en nuestras vidas y en el lenguaje que utilizamos en la vida diaria.

La voluntad de Dios debe cumplirse en la tierra. Como católicos que somos, nos esforzamos por ser santos en la tierra porque queremos que todo el mundo experimente el gozo del cielo. Compartimos ese gozo cuando actuamos como Jesús.

Dios nos da el pan de cada día. Dios nos provee de todo lo que necesitamos, no solo el pan que comemos sino también el alimento espiritual que mantiene nuestras almas alimentadas saludables.

Dios perdona nuestras ofensas. Dios está siempre dispuesto a ofrecernos su perdón, especialmente mediante la reconciliación, siempre que estemos realmente arrepentidos y dispuesto a reparar el mal causado.

¿QUÉ SIGNIFICA?

Escribe una o dos oraciones que expresen lo que cada una de las líneas de la Oración del Señor significa para ti. Si necesitas ayuda, puedes utilizar esta lección impresa, tu Biblia, el Catecismo o la ayuda del maestro de tu grupo.

Cuando decimos las siguientes palabras queremos decir...

Dios es nuestro Padre.

Nosotros santificamos el nombre de Dios.

La voluntad de Dios debe cumplirse en la tierra.

Dios nos da el pan de cada día.

Dios perdona nuestras ofensas.

Nosotros perdonamos las ofensas que nos hacen.

Dios nos aparta de la tentación.

Amén.

Resumen

- Jesús nos invita a que llamemos Padre a Dios.
- Jesús enseñó a sus discípulos la Oración del Señor.
- La Oración del Señor contiene siete peticiones.

Jornada de Fe para Niños, Discernimiento, D6 (827013)

Imprimi Potest: Stephen T. Rehrauer, CSsR, Provincial de la Provincia de Denver.

Imprimatur: "Conforme al CIC 827, el 20 de septiembre de 2017, el reverendo Mark S. Rivituso, obispo auxiliar de la archidiócesis de St. Louis, concedió el permiso de publicación. El Imprimátur es un permiso para la publicación que indica que la obra no contiene contradicciones con las enseñanzas de la Iglesia Católica, sin embargo no implica la aprobación de las opiniones que se expresan en ella. Con este permiso no se asume ninguna responsabilidad".

Jornada de Fe © 2000, 2017 Liguori Publications, Liguori, MO 63057. Para hacer pedidos, visite *Liguori.org* o llame al 800-325-9521. Liguori Publications, corporación no lucrativa, es un apostolado de los Redentoristas. Para saber más acerca de los Redentoristas visite "Redemptorists.com".

Editores de Jornada de Fe para Niños 2017: Theresa Nienaber-Panuski and Pat Fosarelli, MD, DMin.

Diseño y producción: Wendy Barnes, John Krus, Lorena Mitre Jimenez, Bill Townsend. Ilustraciones: Jeff Albrecht.

LIBROS LIGUORI

Impreso en los Estados Unidos de América. 21 20 19 18 17 / 5 4 3 2 1. Tercera edición.

Nosotros perdonamos las ofensas que nos hacen. Porque Dios nos ofrece su ilimitada misericordia, nosotros debemos ofrecer también el perdón a los demás en vez de guardar rencores y negarnos a perdonar.

Dios nos aparta de la tentación. Dios quiere ayudarnos a vivir como Jesús y, si le pedimos su ayuda, él nos ayudará a decirle no al pecado.

Amén. Cuando decimos "¡Amén!" queremos decir "¡sí!" y "Yo creo".

Oración final

Pide a los niños que piensen en una intención particular. Entonces pide a los niños que repitan después de ti cada una de las líneas de esta oración. Terminen haciendo la señal de la cruz.

Dios,

Tú eres nuestro amante Padre.
Nosotros somos tus hijos.

Gracias por darnos el pan que comemos y la gracia que necesitamos.

Gracias por ofrecernos tu perdón y por ayudarnos a perdonar a los demás.

Gracias por librarnos de todo mal.

Ayúdanos a construir tu reino en la tierra para que todos conozcan la dicha de ser hijo tuyo.

Amén.

Tarea

Pide a los niños que, todos los días de esta semana, antes de cenar sean ellos quienes sirvan de guía a sus familias en el rezo del Padrenuestro, prestando especial atención a dar gracias a Dios por el alimento que comen y por el alimento espiritual que recibirán en su primera Eucaristía.

D7: El significado de la Semana Santa

Catecismo: 605–55

Objetivos

- Rememorar los principales acontecimientos de los días finales de Jesús hasta su resurrección.
- Reconocer en el Domingo de Ramos y el Triduo Pascual los sucesos principales de la Semana Santa.
- Reconocer que estamos llamados a compartir con los demás la buena nueva de la resurrección de Jesús como tarea que nos fue encomendada por Jesús.

Meditación del maestro

La Oración Personal de un Catequista

Al preparar tu grupo para la Vigilia Pascual reza lo siguiente en busca de fortaleza y de tu propio crecimiento espiritual:

¡¿Yo?! ¡¿Acompañante espiritual de criaturas cuya fe está naciendo?! Amoroso espíritu de Dios, tiemblo por dentro. Me aferro a ti, el gran Dador de la Vida, y te ofrezco mi oración de acción de gracias por este don especial, y mi oración de súplica por las gracias necesarias para ser merecedor de esta tarea. ¿Hay algo más importante que ser un buen catequista para quien está a punto de unirse a tu Iglesia? Sobrecogido por este honor y asustado por la responsabilidad que entraña, te digo "Sí, Señor mío. No tengo claro por qué me has escogido a mí, pero es evidente que lo has hecho. Es por ello que recorreré esta jornada de fe con quienes has encomendado a mi cuidado. Compartiremos nuestras historias y aprenderemos más de ti al ir conociéndonos más nosotros mismos al vernos con ojos de testigos siempre renovados de Cristo. Concédenos a todos nosotros la gracia de llegar al corazón de los demás con tu tierna misericordia y tu amor inalterable. Amén.

Preparación del maestro

- Lee la lección, este plan de clase, el pasaje de la escritura y las secciones del *Catecismo*.
- Familiarízate con el vocabulario de esta sección: Domingo de Ramos, Jueves Santo, Última Cena, Viernes Santo, venerar, Sábado Santo, Vigilia Pascual. Las definiciones las puedes encontrar en el glosario de esta guía.

Bienvenida

Saluda a los niños según vayan llegando. Comprueba si dispones de los materiales y artículos diversos que pudieras necesitar. Pide que hagan cualquier pregunta o comentario que tengan acerca de la sesión anterior y/o compartan con el grupo cualquier nueva información o conclusión en su poder. Comienza rápidamente.

Lectura inicial

Juan 13:1–15

Enciende la vela y lee en voz alta. Pregunta a los niños por qué creen que fuera tan importante el gesto de Jesús de lavar los pies de sus discípulos.

Con él se demostró la humildad de Jesús. Ese gesto demostró que Jesús vino a servir a los demás y no a ser tratado como un rey.

> Por ello, la Pascua no es simplemente una fiesta entre otras: es la "Fiesta de las fiestas", "Solemnidad de las solemnidades".
>
> *CIC* 1169

D7 DISCERNIMIENTO

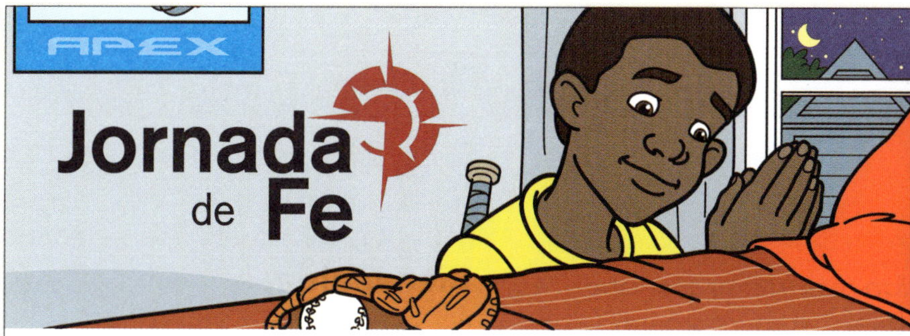

El significado de la Semana Santa

En solo una semana más, el grupo del RICA de la señora Evans ingresaría en la Iglesia. La señora Evans repasaba con el grupo todo lo que sucedería durante esa semana.

"No lo entiendo", dijo Terrence al tiempo que alzaba la mano. "¿Por qué le llamamos Santo al jueves en que mataron a Jesús? ¿No fue ese un día lleno de maldad?"

"La muerte de Jesús fue una cosa mala", asintió la señora Evans "pero fue buena la razón por la que murió. Es más, ¡La muerte de Jesús fue el más increíble acto de amor que pudiera nadie imaginar! Jesús murió para salvarnos. A todos los que estamos en este salón y a todas las personas del mundo. Eso es algo muy, muy bueno".

NIÑOS

CIC 605–55

D7

El significado de la Semana Santa

Dales a los niños tiempo para que respondan la primera pregunta de reflexión por sí mismos. Dales tiempo suficiente para que realmente piensen la respuesta que darán a esa pregunta. Puede que consideres oportuno animarlos a que pronuncien una corta oración antes de responder.

Analicen entre todos la segunda pregunta de reflexión. Puedes pedir que, los que lo deseen, ofrezcan voluntariamente ante todos sus respuestas y escribirlas en la pizarra, o puedes entregar a cada estudiante una tarjeta para que anote en ella la pregunta que tenga y te la pase. Trata de contestar todas sus preguntas antes de terminar la sesión de hoy, o busca las respuestas idóneas para el próximo encuentro.

El Domingo de Ramos

Al comentar el Domingo de Ramos, hazles saber que muchos católicos guardan sus hojas de palma para entregarles antes del Miércoles de Ceniza del año siguiente para que sean quemadas. Las hojas de palma del año pasado aportaron las cenizas para el Miércoles de Ceniza de este año.

Pide a los niños que piensen por qué en este domingo de Cuaresma tenemos lecturas tomadas de pasajes alegres y pasajes tristes de los Evangelios.

Entre las respuestas sugeridas se encuentran: Primeramente, escuchamos la narración de la entrada de Jesús a Jerusalén, donde recibe honores de rey y después escuchamos la de su crucifixión. Vemos en eso el lado bueno y el lado malo de nuestra naturaleza humana (tratar a Jesús como rey para después condenarlo a la cruz guiados por nuestros pecados).

¡Qué viva el Rey!

Dales a los niños tiempo para terminar solos la pregunta de reflexión. Solicita voluntarios dispuestos a compartir sus respuestas.

El Jueves Santo

Después de leer el Punto 1, respondan entre todos la pregunta de reflexión mediante la elaboración de una lista en la que aparezcan las formas en que se puede servir a los demás en esta Semana Santa.

Entre las respuestas sugeridas están las siguientes: Si tu parroquia necesita voluntarios para servir en la cena de pescado de los viernes de Cuaresma o para limpiar después de que termine la cena, todo tu grupo pudiera ofrecerse como voluntarios. Los niños pueden ayudar más con los quehaceres domésticos sin que les pidan hacerlo. Los niños pueden mostrarse particularmente atentos a aprovechar cualquier oportunidad de servir a otros abriéndoles la puerta para que pasen, ofreciéndose a escuchar por qué un compañero de aula está disgustado, y cosas por ese estilo.

Después de leerles el punto 2, dales tiempo a los niños para que respondan, cada uno por sí mismo, la pregunta de reflexión. Anima a los niños a rezar antes de todas las comidas durante esta semana y no solo en casa con su familia.

JORNADA DE FE | DISCERNIMIENTO

¿Qué opinión tienes ahora sobre tu decisión de unirte a la Iglesia?

¿Tienes alguna pregunta acerca de la Semana Santa?

El Domingo de Ramos

Al **Domingo de Ramos** se le llama también "Domingo de Pasión". En la misa del Domingo de Ramos escuchamos dos narraciones de los Evangelios. La primera nos relata la entrada gozosa de Jesús en Jerusalén. La segunda es el relato de cómo Jesús fue traicionado, arrestado y crucificado. A estos acontecimientos se les llama la Pasión de Jesús.

¡Qué viva el Rey!

Jesús entró a Jerusalén para asistir a la celebración de la Pascua. Todos los años, el pueblo judío se reunía para recordar el paso de los israelitas de la esclavitud a la libertad bajo la conducción de Moisés. Cuando la gente se enteró de que Jesús vendría, salieron a la calle a recibirlo. Cubrían el camino con sus mantos y agitaban al aire hojas de palma. La gente gritaba, "¡Hosanna! ¡Bendito el que viene en nombre del Señor, y el Rey de Israel!" (Juan 12:13). Jesús entró montando un burrito porque era así como la Biblia decía que el rey entraría.

¿Qué puedes tú hacer para saludar a Jesús cuando venga a ti en la Vigilia Pascual?

El Jueves Santo

El **Jueves Santo** se conmemora la Última Cena. Jesús hizo dos cosas muy importantes durante la **Última Cena**:

Jesús se ató una toalla a la cintura y lavó los pies a sus discípulos. Pedro no quería que Jesús le lavara los pies, pero Jesús le dijo, "¿Comprendéis lo que he hecho con vosotros? ...Pues si yo, el Señor y el Maestro, os he lavado los pies, vosotros también debéis lavaros los pies unos a otros" (Juan 13:12–14). Jesús dio un ejemplo a seguir por sus discípulos y por nosotros. Él quería que nosotros comprendiésemos que nuestro trabajo era servir a los demás.

¿De qué forma puedes tú servir a los demás esta semana?

Después, durante la cena de la Pascua, Jesús se entregó a nosotros ¡en las formas del pan y el vino! Tomando el pan dijo, "Este es mi cuerpo" y alzando la copa dijo, "Esta es mi sangre" (Mateo 26:26–30; Marcos 14:22–24). También dijo, "Haced esto en recuerdo mío" (Lucas 22:19). Esta fue la primera Eucaristía.

¿Piensas en Jesús antes de las comidas?

El relato de la Pasión

Después del banquete, Jesús condujo a sus discípulos al huerto de Getsemaní para orar. Encontrándose allí, llegaron unos soldados a arrestar a Jesús. Poncio Pilato había dicho a los soldados que lo golpearan y lo crucificaran. Los soldados se burlaron de Jesús. Lo despojaron de sus ropas y lo vistieron con una túnica roja del tipo de las que vestían los reyes. Entonces pusieron en su cabeza una corona de espinas. Después de torturarlo, se lo llevaron. Jesús cargó su cruz a lo largo de todo el camino hasta el Calvario, donde le dieron muerte.

¿Por qué crees tú que nadie salió en defensa de Jesús ni lo ayudó?

¿Cómo puedes tú ayudar a otros cuando ves que lo están lastimando o sometiendo a un bullying?

El Viernes Santo

El **Viernes Santo** es triste pero es un día muy importante para la Iglesia. Tres veces escuchamos, "Este es el árbol de la cruz donde está clavado el Salvador del mundo". Tres veces contestamos, "Venid, adoremos". Entonces **veneramos** —honramos— la cruz arrodillándonos junto a ella, tocándola o besándola. Entonces salimos en silencio de la iglesia porque ya no hay nada más que decir. Jesús lo dijo —y lo hizo— todo.

¿Cómo puedes honrar la cruz de Jesús en tu casa?

El Sábado Santo

Durante todo el día del **Sábado Santo**, la iglesia permanece en silencio y no hay nada sobre el altar. Nos estamos preparando mediante la oración y el ayuno para recibir los sacramentos pascuales. Al anochecer, todos los fieles se congregan para celebrar la Vigilia Pascual.

La **Vigilia Pascual** comienza en la puerta, donde se enciende el cirio pascual que es llevado entonces al interior de la iglesia. Todos encendemos nuestras velitas con la llama del cirio que representa a Cristo. La luz inunda la iglesia. Cantamos el "¡Aleluya!" Escuchamos las lecturas de la Escritura que nos muestran cómo, desde los principios del tiempo, Dios ha venido salvándonos. Por último, escuchamos el relato de la resurrección.

Después de las lecturas, todos los que se van a convertir en católicos reciben los sacramentos. Si todavía no te habías bautizado, recibirás el bautismo. Después todos serán confirmados. En un momento posterior de la misa, recibirás tu primera Eucaristía junto al resto de los fieles.

¿Cómo celebrarás este año la Resurrección y tu incorporación a la Iglesia Católica?

El relato de la Pasión

Si dispones de tiempo, puede que decidas leer parte del relato de la Pasión de la lectura del Evangelio correspondiente al Domingo de Ramos. De lo contrario, reflexionen sobre el resumen que aparece en el impreso distribuido para esta sesión.

Contesten en grupo las dos preguntas de reflexión.

Las respuestas sugeridas incluyen: La gente temía que, si defendían a Jesús, también los agredirían a ellos. Puede ser que, al ver que Jesús dejó que lo arrestaran, algunas personas comenzaran a dudar que Jesús fuera Dios. Puede que otros no quisieran enfrentarse ellos solos al resto de la multitud.

Podemos salir en defensa de otras personas negándonos a participar en chismes y haciendo saber a quienes lo hacen que eso no es correcto. Podemos acudir a un adulto en el que confiamos y contarle qué está sucediendo. Podemos mostrarnos compasivos con quienes están siendo sometidos al bullying o están siendo marginados intencionalmente.

El Viernes Santo

Discute con los participantes en qué sentido pudo el Viernes Santo haber sido diferente para los seguidores de Jesús que ignoraban que él iba a regresar de entre los muertos tres días más tarde.

Las respuestas sugeridas incluyen: ellos hubieran estado asustados, hubieran estado tristes, pudieran haber perdido la fe, pudieran haber dudado de que Jesús fuera realmente Dios, etc.

Respondan entre todos la pregunta de reflexión mediante la confección de una lista de cómo los niños pueden honra la cruz o el crucifijo en casa.

El Sábado Santo

Pon énfasis en la importancia de la celebración del Sábado Santo y en la mayor participación personal de los niños en este año. Discutan el significa de símbolos muy poderosos: la luz, el agua, el óleo, la cruz. Todos ellos los verán el Sábado Santo.

La luz muestra cómo la luz de Cristo hace desaparecer nuestras tinieblas, el agua simboliza cómo el bautismo borra nuestros pecados, el aceite con el que se nos unge nos marca como seguidores de Cristo y la cruz es el símbolo de la gloriosa muerte y resurrección de Cristo.

Discutan entre todos la pregunta de reflexión. Recuerda a los niños que si bien es cierto que la Semana Santa es un tiempo de autoexamen y sacrificio, es también un tiempo para prepararnos para ¡la mayor celebración del año litúrgico!

Actividad

La actividad de esta semana es un modo de conseguir que los niños y sus familias se pongan a pensar juntos en los misterios de la Semana Santa. Asegúrate de que los niños lleven consigo a casa la lección impresa correspondiente a esta sesión y anímalos a que regresen a clase la próxima semana trayendo una idea para compartir con los demás.

Si te sobrara algún tiempo al final de la sesión, pide a los niños que trabajen en esta actividad con sus padrinos o con su espónsor (si alguno de ellos estuviera presente), o con un compañero de clase, para prepararse así para conducir la discusión que se realizarán en el seno de la familia.

PARA LEER JUNTOS

Lee con tu familia una versión del relato de la resurrección (Mateo 28:1–10; Marcos 16:1–7; Lucas 24:1–12). Imagínate visitando el sepulcro vacío. Tú piensas que Jesús ha muerto pero un ángel aparece y te dice que él ha resucitado.

¿Qué hubieras hecho o dicho tú en ese momento?

Túrnense para contar al grupo cómo se siente cada uno de ustedes.

Resumen

- Durante la Semana Santa, seguimos los acontecimientos de la pasión de Jesús y su culminación en la resurrección.
- El Domingo de Ramos y el Triduo Pascual conmemoran los acontecimientos principales de la Semana Santa.
- Jesús quiere que transmitamos a los demás la buena noticia de su resurrección.

Jornada de Fe para Niños, Discernimiento, D7 (827013)

Imprimi Potest: Stephen T. Rehrauer, CSsR, Provincial de la Provincia de Denver.

Imprimatur: "Conforme al CIC 827, el 20 de septiembre de 2017, el reverendo Mark S. Rivituso, obispo auxiliar de la archidiócesis de St. Louis, concedió el permiso de publicación. El Imprimátur es un permiso para la publicación que indica que la obra no contiene contradicciones con las enseñanzas de la Iglesia Católica, sin embargo no implica la aprobación de las opiniones que se expresan en ella. Con este permiso no se asume ninguna responsabilidad".

Jornada de Fe © 2000, 2017 Liguori Publications, Liguori, MO 63057. Para hacer pedidos, visite *Liguori.org* o llame al 800-325-9521. Liguori Publications, corporación no lucrativa, es un apostolado de los Redentoristas. Para saber más acerca de los Redentoristas visite "Redemptorists.com".

Editores de Jornada de Fe para Niños 2017: Theresa Nienaber-Panuski and Pat Fosarelli, MD, DMin.

Diseño y producción: Wendy Barnes, John Krus, Lorena Mitre Jimenez, Bill Townsend. Ilustraciones: Jeff Albrecht.

LIBROS LIGUORI

Impreso en los Estados Unidos de América. 21 20 19 18 17 / 5 4 3 2 1. Tercera edición.

Oración final

Pregunta si hay intenciones particulares. Después pide a cada niño que repita cada línea después de ti, según vas leyendo:

Nuestro bueno y gentil Jesucristo,
te amamos,
te alabamos
y te adoramos.

Tú nos has guiado en nuestra jornada de fe
y ahora nos preparamos para recibir tus gracias
por medio de los sacramentos.

Tú eres nuestro Señor y nuestro Dios.

Ilumínanos con tu amor para que continuemos conociendo
y amándote en prueba de agradecimiento.

Amén.

Tarea

Pide a los niños que, en algún momento de esta semana, conduzcan ellos la actividad que aparece en el impreso que se les ha entregado con la sesión de hoy y que realizarán en compañía de su familia.

E8: El retiro de la Vigilia Pascual

Catecismo: 2759-72

Objetivos

- Tener presente que la jornada recorrida en el RICA implicó crecer en el amor a Dios y a su Iglesia.
- Reflexionar, con la ayuda de las lecturas de la Vigilia Pascual, en la jornada recorrida con el RICA.
- Tomar conciencia de que la iniciación en la Iglesia no es más que el comienzo de un proceso de formación permanente.

Meditación del maestro

Reúnete con quienes dirigirán el retiro, con el equipo de hospitalidad y con tu párroco justo antes de la llegada de los candidatos y los catecúmenos. Lean y reflexionen sobre el salmo 92 —"Bueno es dar gracias a Yahveh".

Pronuncien las intenciones particulares que tengan, incluyendo la petición de éxito para este día de retiro. Concluyan rezando juntos el Padrenuestro o solicitando la bendición del sacerdote.

Prepárense para recibir a los participantes en el retiro.

Preparación del maestro

- Lee la lección, este plan de clase, el pasaje de la escritura y las secciones del *Catecismo*.
- El final de este retiro es un buen momento para ofrecer el sacramento de la penitencia y la reconciliación; habla con tu párroco para ver si existe esa posibilidad.
- Este retiro tiene como base la liturgia de la Palabra de la Vigilia Pascual. Hay actividades para cada una de las posibles lecturas pero es posible que no se disponga de tiempo para realizarlas todas. Averigua cuáles serán las lecturas que se utilizarán en tu parroquia durante la Vigilia Pascual y escoge entre ellas las actividades para el retiro.
- Lo ideal sería que el retiro se realizara en un centro o instalación para los retiros que tuviera un área exterior por la que los participantes pudieran caminar con total seguridad. Si ello no es posible, trata de celebrar el retiro en alguna parte en que los participantes dispongan de espacio para disgregarse o caminar —aunque sea por áreas interiores.
- Consigue diarios de oración (invita a los participantes a que traigan los suyos).
- Consigue pequeñas hojas de papel y un bol o una vasija apropiada. Recuerda que debe ser resistente al fuego.
- Consigue una flor para cada participante.
- Consigue credenciales para todos los participantes en el retiro (incluidos quienes lo dirigen y el equipo de hospitalidad).
- Preparen un pequeño refrigerio (*snacks*, jugos o refrescos, y una comida ligera para el mediodía).
- Recoge cartas elaboradas por los espónsores y los intercesores secretos para entregarlas a los participantes (recógelos con aproximadamente una semana de antelación al día del retiro).
- Consigue Biblias.

Bienvenida

Saluda a los niños a su llegada. Ponlos al tanto de los materiales que necesitarán para comenzar el retiro e ínstalos a que llenen una credencial a su nombre.

Oración inicial

Recen juntos la oración que aparece en la lección impresa que se ha repartido.

Señor Jesucristo, abre hoy nuestras mentes y corazones a tu presencia. Guíanos al avanzar por es este proceso y llévanos más cerca de ti. Ayúdanos a conocerte mejor. Ayúdanos a ver tu bondad en toda persona que encontremos en nuestro camino.

El retiro de la Vigilia Pascual

"Ustedes han recorrido ya un largo camino", sonrió la señora Evans. "¡Yo estoy muy orgullosa de ustedes! Es mucho lo que han aprendido sobre la fe católica. ¡Toda la parroquia celebrará en la Vigilia Pascual el ingreso de ustedes a una nueva vida en Jesús!

"Hoy vamos a reflexionar sobre esa jornada. Sobre todas las cosas que ustedes han aprendido y sobre todo lo que aún nos queda por aprender juntos".

NIÑOS

CIC 2759-72

Formato sugerido para el retiro (para el retiro de un día completo)

Primera lectura: Génesis 1:1—2:2, actividad y reflexión

A continuación de esta lectura, un converso formado en un grupo anterior del RICA dará una charla de diez minutos de duración. La charla se centrará en su experiencia personal y en cómo la gracia se puede convertir en un catalizador para la conversión o para la conversión permanente. Terminen con una oración o con una meditación en silencio.

Segunda lectura: Génesis 22:1–18, actividad y reflexión

Después de la lectura, pide a los participantes que contesten las preguntas de reflexión en una pequeña hoja de papel. Una vez que hayan terminado, designa a un líder que anuncie en voz alta el nombre de cada catecúmeno y candidato. Cada vez que un nombre sea pronunciado, ese participante deberá contestar "¡Heme aquí!" como hizo Abraham, avanzará al frente y pondrá su hojita de papel en el bol de cerámica. Después de que todos los nombres hayan sido mencionados, quema los papeles de forma que resulte segura. (Si no te es posible quemarlos de modo totalmente seguro, rómpelos en pedazos minúsculos o descártalos más tarde).

JORNADA DE FE DISCERNIMIENTO

¿Qué es lo que más te ha gustado del RICA?

Menciona una o dos cosas de las aprendidas que sean de verdadera importancia para ti.

Oración inicial

Señor, abre hoy nuestras mentes y nuestros corazones a tu presencia. Guíanos en nuestro caminar por este proceso y aproxímanos a ti. Ayúdanos a conocerte mejor. Ayúdanos a ver tu bondad en toda persona que encontremos en el camino.

Primera lectura: Génesis 1:1—2:2

"Vio Dios cuanto había hecho, y le pareció que todo estaba muy bien".
Adaptado de Génesis 1:31

Piensa en lo cerca de ti que está siempre Dios. Si puedes, sal al aire libre y busca a Dios en la naturaleza. Mira las flores, la hierba y las hojas. Respira el fresco aire de la primavera. ¡Dale gracias a Dios!

Menciona dos lugares en los que te sientas cerca de Dios.

____

____

Segunda lectura: Génesis 22:1–18

"Dios puso a prueba a Abraham. Le dijo, '¡Abraham!' '¡Heme aquí!' le contestó Abraham".
Adaptado de Génesis 22:1

"¿Confías en mí? ¿Estás dispuesto?" preguntó Dios a Abraham. Cuando te preparas para ingresar a la Iglesia, Dios te pregunta lo mismo a ti.

¿Estás dispuesto a servir a Dios?

Tercera lectura: Éxodo 14:15—15:1

"Y viendo Israel la mano fuerte que el Señor había desplegado contra los egipcios, temió el pueblo al Señor, y creyeron en él y en Moisés, su siervo".
Adaptado de Éxodo 14:31

Al igual que el pueblo de Dios, tú has recorrido un camino. El amor de Dios ha estado trabajando en ti. Pide a Dios que te ayude a darte cuenta de este milagro.

¿En qué sentido has cambiado tú desde que comenzaste a aprender sobre la Iglesia Católica?

Cuarta lectura: Isaías 54:5–14

"Aunque las montañas cambien de lugar y las colinas se estremezcan, mi amor nunca te faltará ni mi alianza de paz se debilitará, dice el Señor, que tiene compasión de ti".
Adaptado de Isaías 54:10

Pase lo que pase en tu vida, el amor de Dios y las promesas que te ha hecho nunca cambiarán.

Tercera lectura: Éxodo 14:15—15:1 actividad y reflexión

A continuación de esta lectura, un converso formado en un grupo anterior del RICA dará una charla de diez minutos de duración. La charla hará hincapié en una experiencia en la que el converso fue guiado en un momento difícil para él y cómo Dios estuvo presente durante todo ese tiempo. Concluyan con una oración o una meditación en silencio.

Contempla en el plan un tiempo para un breve receso.

Cuarta lectura: Isaías 54:5–14, actividad y reflexión

Si recogiste cartas elaboradas por los espónsores, familiares, amigos o intercesores secretos de los participantes, distribúyelas ahora y dales a los niños tiempo para que las lean y respondan.

Si no tienes cartas para distribuir a los participantes, continúa la actividad con una charla de diez minutos a cargo de un converso de un grupo anterior del RICA. Esa charla deberá poner énfasis en cómo el proceso de conversión hizo que el amor divino se hiciera realidad para ese nuevo católico.

¿Cómo te hace sentir el saber que Dios te ama profundamente y para siempre?

Quinta lectura: Isaías 55:1–11

"Así será la palabra que salga de mi boca; mi palabra no regresará a mí vacía, sino habrá realizado mi voluntad y cumplido el fin para el que la envié".
Adaptado de Isaías 55:11

"Vacía" significa "que no contiene nada" o "que es superficial y carente de interés". ¡La palabra de Dios nunca es superficial y siempre está llena de interés! La palabra de Dios cambia los corazones y crea una nueva vida.

Escribe a continuación dos de tus citas bíblicas preferidas. ¿Por qué son ellas tus favoritas?

____

____

Sexta lectura: Baruc 3:9–15, 32—4:4

"Benditos somos, oh, Israel; ¡Dios nos ha revelado lo que le agrada!"
Adaptado de Baruc 4:4

Dios le habla a nuestro corazón para ayudarnos a hacer lo que es correcto.

Menciona dos cosas que puedes hacer para que Dios esté feliz.

____

____

Séptima lectura: Ezequiel 36:16–28

"Yo les daré un corazón nuevo y un espíritu nuevo, sacaré de sus cuerpos ese corazón de piedra y les pondré un corazón normal".
Adaptado de Ezequiel 36:26

Cuando decimos que alguien tiene un "corazón de piedra", eso significa que la persona es mala y no escucha a Dios ni se interesa en los demás. El corazón de Dios nunca es duro. Él quiere que nuestro corazón sea como el de él.

En uno de los corazones que aparecen a continuación, escribe algo que quieras cambiar en ti. En el otro, escribe algo bueno que Dios ha puesto en tu corazón.

____

____

Epístola: Romanos 6:3–11

"Fuimos, pues, con él sepultados por el bautismo en la muerte, a fin de que, al igual que Cristo fue resucitado de entre los muertos por medio de la gloria del Padre, así también nosotros vivamos una vida nuevas".
Romanos 6:4

Puesto que Jesús resucitó una nueva vida, nosotros sabemos que nosotros también resucitaremos un día a una nueva vida. Jesús nos lo prometió.

¿Cómo cambiará tu nueva fe tu forma de vivir y actuar?

Evangelio: Año A, Mateo 28:1–10; Año B, Marcos 16:1–7; Año C, Lucas 24:1–12

"Buscáis a Jesús de Nazaret, el Crucificado; ha resucitado, no está aquí".
Marcos 16:6

¡Jesús realmente resucitó de entre los muertos! Él nos ofrece a todos nosotros vida eterna en él. ¡Qué cosa tan formidable!

Escribe una oración con la que, al rezarla, des gracias a Jesús por tu nueva vida. No tiene que ser extensa.

Quinta lectura: Isaías 55:1–11, actividad y reflexión

A continuación de la quinta lectura, procedan a ofrecer una charla de diez minutos a cargo de un converso de un grupo anterior del RICA. Esa charla deberá rememorar una historia de discernimiento y cambio que tuvo lugar cuando concluyeron las clases del RICA y el orador fue llamado a comenzar una nueva vida en Cristo. Terminen con una plegaria o una meditación en silencio.

Sexta lectura: Baruc 3:9–15, 32—4:4, actividad y reflexión

A continuación de la sexta lectura, procedan a ofrecer una charla de diez minutos a cargo de un converso de un grupo anterior del RICA. Esa charla deberá describir cómo la "sabiduría" de esa persona se transformó cuando él o ella creció en la fe católica.

Receso para la comida.

Séptima lectura: Ezequiel 36:16–28

A continuación de la séptima lectura, procedan a ofrecer una charla de diez minutos a cargo de un catecúmeno/candidato de un grupo anterior del RICA. Esa charla deberá ser un testimonio personal de los cambios que se produjeron en el corazón del converso al crecer él o ella en la fe.

Meditación

Esta sería una buena oportunidad para desplazar el retiro a la iglesia parroquial (si es que no están allí) y ofrecer a los catecúmenos la oportunidad de recibir el sacramento de la Penitencia y la Reconciliación. Ofrece a los candidatos un espacio tranquilo para que reflexionen al hacer su examen de conciencia. Si puedes, dales también tiempo para la adoración del Santísimo Sacramento mientras los candidatos participan en la reconciliación. Los participantes pueden utilizar la meditación guiada que aparece en la lección impresa que se les ha entregado, o pueden rezar durante ese tiempo.

Epístola: Romanos 6:3–11

Cuando todos los candidatos que desean recibir la reconciliación lo hayan hecho, concede un último momento de silencio antes de leer la epístola.

Evangelio: Mateo 28:1–10 (año A); Marcos 16:1–7 (año B); Lucas 24:1–12 (año C)

Si está disponible un sacerdote, pídele que lea el Evangelio desde el altar y que ofrezca para los participantes una breve homilía que trate de la bendición que representa la presencia de Cristo en nuestras vidas.

Actividad

Si al final del retiro queda tiempo o si algunos de los niños necesitan que se haga con ellos alguna actividad que los mantenga ocupados durante el tiempo de reflexión en silencio, entrégales materiales de dibujo para que trabajen en esta actividad. Pregúntales a los niños que logren terminar la actividad si puedes conservar sus trabajos y utilizar sus estandartes para, en la Pascua, decorar los alrededores de tu iglesia parroquial u otras áreas de mucho tráfico de personas en el campus de la parroquia.

¡Celebra tu nueva vida!

Para celebrar tu nueva vida en Jesús, crea un estandarte en el que utilices símbolos y colores que representen tu jornada de fe. Puedes incluir: el agua, el aceite u óleo, una vela o llama, una paloma, la Biblia, la cruz, un cordero, un cáliz, una hostia, manos en actitud de oración, el edificio de una iglesia, ángeles, notas musicales ¡o cualquier otra cosa que se te ocurra!

Resumen

- En el RICA se crece en el amor de Dios y su Iglesia.
- Las lecturas de la Escritura correspondientes a la Vigilia Pascual nos permiten reflexionar en nuestra fe.
- Cuando uno se convierte en católico, no ha hecho más que comenzar su vida en la Iglesia.

Jornada de Fe para Niños, Discernimiento, D8 (827013)

Imprimi Potest: Stephen T. Rehrauer, CSsR, Provincial de la Provincia de Denver.

Imprimatur: "Conforme al CIC 827, el 20 de septiembre de 2017, el reverendo Mark S. Rivituso, obispo auxiliar de la archidiócesis de St. Louis, concedió el permiso de publicación. El Imprimátur es un permiso para la publicación que indica que la obra no contiene contradicciones con las enseñanzas de la Iglesia Católica, sin embargo no implica la aprobación de las opiniones que se expresan en ella. Con este permiso no se asume ninguna responsabilidad".

Editores de Jornada de Fe para Niños 2017: Theresa Nienaber-Panuski and Pat Fosarelli, MD, DMin.

Diseño y producción: Wendy Barnes, John Krus, Lorena Mitre Jimenez, Bill Townsend. Ilustraciones: Jeff Albrecht.

LIBROS LIGUORI

Impreso en los Estados Unidos de América. 21 20 19 18 17 / 5 4 3 2 1. Tercera edición.

Oración final

Para terminar el día de retiro, ofrece una oración espontánea por los niños que se preparan para convertirse en miembros plenos de la Iglesia Católica.

Tarea

Dales a los niños las instrucciones o informaciones específicas que puedan necesitar antes de la Vigilia Pascual. Recuérdales que ingresarán a la etapa final, la correspondiente a la Mistagogia, después del Domingo de Pascua.

M1: Nuestra fe es un proceso permanente

Catecismo: 160, 545, 981, 1427–29

Objetivos

- Definir la conversión como un proceso permanente.
- Ganar conciencia de que la gracia de Dios y el duro esfuerzo personal son necesarios para el crecimiento espiritual.
- Reconocer que la participación es parte importante de nuestra fe comunitaria.

Meditación del maestro

Hechos 2:42–47

El nuevo creyente está lleno de respeto y reverencia, y está llamado a compartir y servir a otros. Eso es lo que los niños están llamados a hacer durante el periodo de la Mistagogia. Por medio de los sacramentos, el Espíritu Santo los ha llenado de gracia tan abundante que se derrama y les permite realizar buenas obras a favor del reino de Dios. Dios ya ha hecho eso en tu propia vida; ahora lo está haciendo en las vidas de los neófitos confiados a tu cuidado. Ruega por el continuo derramamiento del Espíritu Santo y por la manifestación de los dones recibidos en la confirmación.

Preparación del maestro

- Lee la lección, este plan de clase, el pasaje de la escritura y las secciones del *Catecismo*.
- Familiarízate con el vocabulario de esta lección: Pentecostés. Las definiciones aparecen en el glosario de esta guía.
- Consigue una grabación de un canto pascual para utilizarlo como oración final.

Bienvenida

Saluda a los neófitos según vayan llegando. Comprueba si dispones de los materiales y artículos diversos que pudieras necesitar. Pide que hagan cualquier pregunta o comentario que tengan acerca de las sesiones anteriores y/o compartan con el grupo cualquier nueva información o conclusión en su poder. Comienza rápidamente.

Lectura inicial

Hechos 2:42–47

Enciende la vela y lee en voz alta. Pide a los niños que se imaginen formando parte de la Iglesia de los inicios y que son testigos de la difusión del mensaje del Evangelio. En esa situación, ¿qué es lo que más les entusiasma comunicar a otras personas? ¿Algo relacionado con difundir la fe les pone nerviosos?

La llamada de Cristo a la conversión sigue resonando en la vida de los cristianos. Esta segunda conversión es una tarea ininterrumpida para toda la Iglesia.

CIC 1428

M1 MISTAGOGIA

Nuestra fe es un proceso permanente

Lisa, Tomás, Terrence y Tanya salieron con la señora Evans y sus espónsores a celebrar su incorporación a la Iglesia.

"Esto es formidable", sonrió Tomás. "Siento que todos nosotros somos parte de algo".

"¡Síií!" añadió Lisa. "¡De algo bien grande! De algo de lo que seremos parte para siempre".

NIÑOS

CCC 160, 545, 981, 1427–29

M1

Nuestra fe es un proceso permanente

Después de leer la primera narración, discutan entre todos la pregunta de reflexión.

Un momento para hacer memoria

Da tiempo a los niños para que completen las preguntas de reflexión. O, si deseas una alternativa más interactiva, pide a los niños que bajen la cabeza y cierren sus ojos. Lee entonces cada afirmación y pide a los niños que levanten la mano si están de acuerdo con ella. Después selecciona las afirmaciones que han contado con mayor número de manos levantadas y terminen entre todo el grupo la segunda parte de la reflexión.

¿Cómo te sientes después de haberte convertido en miembro de la Iglesia?

Juntos de jornada en jornada

¡Bienvenido a la familia!

Has aprendido mucho acerca de Dios y la Iglesia. Celebraste su "cumpleaños" en la familia de Dios. Recibiste los sacramentos de la Penitencia y la Eucaristía. Compartiste tu entusiasmo con todos los de la Iglesia. Ellos compartieron su amor y su gozo contigo.

¡Pero tu jornada de fe no ha concluido! Todos tus hermanos y hermanas de la Iglesia están dispuestos a ayudarte a hacerte cada vez más cercano a Dios. Ustedes aprenderán, rezarán y se divertirán juntos. Harán muchas cosas por la Iglesia y la Iglesia hará muchas cosas por ustedes. Igual que en cualquier otra familia.

Un momento para hacer memoria

¿Recuerdas cómo te sentiste cuando comenzaste a asistir al RICA? Tenías mucho por aprender y hacer. Tiene que dado un poco de miedo. ¡Pero lo lograste!

Pon una "S" junto a las oraciones con las cuales coincides. Pon una "N" junto a las oraciones que no son ciertas en tu caso.

_____ Me siento entusiasmado cada vez que asisto a misa.

_____ Yo nunca me aburro durante la misa.

_____ Me siento un poquito solo porque todavía no conozco a mucha gente.

_____ La gente de la iglesia siempre se alegra al verme.

_____ No me siento para nada diferente a como era cuando comencé en el RICA.

_____ Estoy listo para trabajar con y para mi familia de la Iglesia.

_____ Todavía hay muchas cosas que no comprendo.

Escoge una de esas oraciones y escribe una o dos oraciones explicando por qué coincides o no con lo que se dice en ella(s).

____

____

____

____

____

____

____

Seguir creciendo

Si te sientes asustado o inseguro con relación a tu nueva fe, no te preocupes. Hasta los discípulos de Jesús se sintieron así. En diferentes momentos, los discípulos se sintieron felices y entusiasmados, un poco temerosos, un poco inseguros y, a veces, hasta un poco desilusionados.

¿Recuerdas a Pedro? Él no siempre entendía qué quería Jesús de él. A veces Jesús tuvo que regañarle. Cuando Jesús dijo que él sufriría y moriría, Pedro dijo que jamás permitiría que eso pasara a Jesús. Puedes leer más sobre eso en el Evangelio de Mateo 16:21-23.

Los otros discípulos también cometieron errores con respecto a Jesús. Hay una historia acerca de que tanto Santiago como Juan querían sentarse junto a Jesús en el cielo. Jesús los regañó y les dijo qué los haría verdaderamente grandes a los ojos de Dios. Puedes leer más sobre ello en el Evangelio de Marcos 10:35-45.

Nuestro ayudante espiritual

Jesús sabía que todos sus seguidores necesitarían ayuda para vivir su fe. Vivir como Jesús no era fácil (¡y sigue sin serlo!).

Cuando Jesús ascendió al cielo, sus discípulos se sintieron tristes y asustados. No sabían cómo podrían fundar la Iglesia de Jesús sin tenerlo junto a ellos. Pero en **Pentecostés** ocurrió un milagro que los transformó.

Todos los discípulos estaban reunidos en una habitación. De pronto, un ruido vino del cielo. Fue como una ráfaga de viento fuerte que llenó toda la casa. Entonces aparecieron sobre las cabezas de los discípulos lo que parecían ser unas lenguas de fuego.

Los discípulos quedaron llenos del Espíritu Santo y comenzaron a hablar sobre Dios. Los discípulos salieron a las calles de Jerusalén y comenzaron a hablar con personas de todas partes del mundo. Cada persona oía a los discípulos hablando en su propia lengua.

Pedro contó a la gente lo que le habían hecho a Jesús. Entonces les dijo cómo podían ser salvados si creían en Jesús. Miles de personas escucharon a Pedro y creyeron en Jesús por lo que Pedro les decía.

Es por eso que decimos que Pentecostés es el "cumpleaños" de la Iglesia. Pentecostés fue el día en que nuestra Iglesia que peregrina en la tierra comenzó a crecer. Los seguidores de Jesús siguieron creciendo en la fe después de Pentecostés. Igual que ellos, también nosotros continuamos creciendo y desarrollándonos en nuestra fe.

¿Sobre qué aspectos de tu fe estás más interesado en investigar o aprender?

¿Qué aspectos de tu fe despiertan en ti mayor entusiasmo por salir a comunicarlos a otras personas?

Seguir creciendo

En dependencia de la edad de los niños de tu clase y del tiempo del que dispones, puede que decidas no leer las versiones sino los pasajes bíblicos directamente (Mateo 16:21–23 y Marcos 10:35–45).

Después de terminar de leer los pasajes de la Escritura (o los resúmenes de ellos que aparecen en la lección impresa que se les ha repartido) pregunta a los niños cómo pueden utilizar lo que han aprendido en el RICA para reafirmar su fe cuando se sientan asustados, inseguros o desencantados.

Ellos pueden ahora participar en el sacramento de la Eucaristía y en el de la Reconciliación cuando necesiten reafirmar la presencia de Jesús o cuando necesiten ser perdonados por Dios. Ellos pueden practicar nuevas formas de oración para crecer en su relación con Dios mediante la conversación con él. Ellos pueden leer acerca de las vidas de los santos o rezar por la intercesión de su santo de confirmación para que les ayude a comprender la voluntad de Dios, y otras acciones de similar naturaleza.

Nuestro ayudante espiritual

Dales tiempo a los niños para que completen las preguntas de reflexión por sí mismos. Pide voluntarios dispuestos a dar a conocer sus respuestas. Este es un buen momento para que también tú compartas tus respuestas y des ejemplo a los niños de que, independientemente de cuánto tiempo llevas como miembros de la Iglesia, todavía puedes hacerte pregunta y encontrar cosas que despierten tu entusiasmo.

Actividad

Deja tiempo al final de la sesión para que los niños completen la actividad final por sí mismos. Si terminan rápidamente, anímales a que vayan más allá y escriban una oración original en la que utilicen todas las palabras escondidas que encontraron.

Las respuestas a la actividad aparecen a continuación.

¿Quién vino a los discípulos en Pentecostés? ESPÍRITU SANTO

¿A qué se parecía el ruido que oyeron los discípulos? VIENTO

¿Qué apareció sobre la cabeza de cada discípulo? LLAMA

Pentecostés es el cumpleaños de la IGLESIA

¿Quién contó a la gente lo que le habían hecho a Jesús? PEDRO

ENCUENTRA LAS PALABRAS ESCONDIDAS

Identifica la palabra o palabras que da respuesta a cada una de las siguientes preguntas. Después encuéntralas en la sopa de palabras que aparece más abajo.

ivtone **putiEsír naSot** **Preet** **smalla** **lesigal**

¿Quién vino a los discípulos en Pentecostés? ___ ___ ___ ___ ___ ___ ___ ___ ___ ___ ___ ___ ___

¿A qué se parecía el ruido que oyeron los discípulos? ___ ___ ___ ___ ___ ___

¿Qué apareció sobre la cabeza de cada discípulo? ___ ___ ___ ___ ___ ___

Pentecostés es el cumpleaños de la ___ ___ ___ ___ ___ ___ ___

¿Quién contó a la gente lo que le habían hecho a Jesús? ___ ___ ___ ___ ___

Resumen

- La conversión es un proceso permanente.
- El crecimiento espiritual necesita de la gracia de Dios y de mucho esfuerzo.
- La participación es una parte importante de nuestra fe en comunidad.

Jornada de Fe para Niños, Mistagogia, M1 (827006)

Imprimi Potest: Stephen T. Rehrauer, CSsR, Provincial de la Provincia de Denver, Redentoristas.

Imprimatur: "Conforme al CIC 827, el 20 de septiembre de 2017, el Rev. Mons. Mark S. Rivituso, Vicario General de la Arquidiócesis de St. Louis, ha concedido el permiso de publicación de esta obra. El permiso para la publicación indica que la obra no contiene contradicciones con las enseñanzas de la Iglesia Católica; sin embargo, no implica la aprobación de las opiniones que se expresan en ella. Con este permiso no se asume ninguna responsabilidad".

Editores de *Jornada de Fe para Niños* 2017: Theresa Nienaber-Panuski y Pat Fosarelli, MD, DMin.

Diseño y producción: Wendy Barnes, John Krus, Lorena Mitre Jimenez, Bill Townsend. Ilustraciones: Jeff Albrecht.

Publicado con licencia eclesiástica.

Los textos de la Escritura han sido tomados de la *Biblia de Jerusalén Latinoamericana*, Desclee de Brower, Bilbao, España. Todos los derechos reservados. Los textos del *Catecismo de la Iglesia Católica* y demás textos pontificios fueron tomados con permiso de *Librería Editrice Vaticana*; versión en español.

Impreso en los Estados Unidos de América. 21 20 19 18 17 / 5 4 3 2 1. Tercera edición.

LIBROS LIGUORI

ISBN 978-0-7648-2700-6

Oración final

Escuchen la grabación del canto pascual que escogiste para esta sesión. Si no pudiste conseguir la música, unan ambas manos y recen el Padrenuestro.

Tarea

Esta semana, anima a los niños a que trabajen con su familia en la incorporación a los fines de semana de una nueva costumbre centrada en la fe. Pudiera tratarse de la lectura en común de un capítulo de un libro sobre los santos, en el rezo de una decena del rosario, o de cualquier otra actividad que puedan desarrollar juntos.

M2: El papel del laicado

Catecismo: 864, 897–913, 940–43, 1546–47, 2442

Objetivos

- Reconocer que los fieles laicos son esenciales para la vida de la Iglesia.
- Téngase en mente que el laicado sirve al reino de Dios junto a los consagrados y religiosos.
- Identificar las formas en las que los laicos viven su llamado a la santidad en el mundo de la familia, el trabajo y la comunidad.

Meditación del maestro

1 Corintios 12:12–26

Medita en la realidad de que tú eres un miembro indispensable del Cuerpo de Cristo. ¿De qué maneras puedes tú hacer más completo y más perfecto el Cuerpo de Cristo? ¿En qué sentido son los niños que tú enseñas también miembros indispensables del Cuerpo de Cristo? ¿Cómo se beneficia la Iglesia de la gran diversidad existente en su membresía?

Preparación del maestro

- Lee la lección, este plan de clase, el pasaje de la escritura y las secciones del *Catecismo.*
- Invita al ministro de a cargo del grupo de jóvenes de tu parroquia (o a algún otro parroquiano que sea un buen conocedor del tema) a que hable sobre los ministerios de la parroquia y las posibilidades de servicio a la disposición de los jóvenes.
- Consigue una grabación de un canto pascual para utilizarlo en la oración final.
- Familiarízate con el vocabulario de esta lección: misionero, laico. Las definiciones se encuentran en el glosario de esta guía.

Bienvenida

Saluda a los neófitos según vayan llegando. Comprueba si dispones de los materiales y artículos diversos que pudieras necesitar. Pide que hagan cualquier pregunta o comentario que tengan acerca de las sesiones anteriores y/o compartan con el grupo cualquier nueva información o conclusión en su poder. Comienza rápidamente.

Lectura inicial

1 Corintios 12:12–26

Enciende la vela y lee en voz alta. Pide a los niños que echen un vistazo alrededor del salón y reflexionen en silencio sobre cada una de las personas que está en la habitación aporta algo único e importante al Cuerpo de Cristo. Da a los niños algún tiempo de silencio antes de comenzar la lección para que puedan concentrarse en escribir acerca de qué piensan ellos que pueden aportar al Cuerpo de Cristo.

> Las mismas diferencias que el Señor quiso poner entre los miembros de su Cuerpo sirven a su unidad y a su misión. Porque "hay en la Iglesia diversidad de ministerios, pero unidad de misión".
>
> *CIC* 873

M2

MISTAGOGIA

El papel del laicado

"Cuando yo sea grande, quiero ser como los discípulos, ir a lugares que no conozco y hablar a la gente sobre Jesús", anunció Lisa.

"A eso se le llama ser un **misionero** o **misionera**", dijo la señora Evans. "Pero para servir a Dios no tienes que esperar a ser grande. Puedes comenzar ahora mismo".

"¿De verdad?" Tomás no parecía estar muy seguro. "Todavía somos chicos. ¿Qué podemos hacer nosotros por la Iglesia?"

NIÑOS

CIC 864, 897–913, 940–43, 1546–47, 2442

El papel del laicado

Lean junto la historia inicial y concede entonces tiempo a los niños para que respondan las preguntas de reflexión. Después de que los niños hayan tenido tiempo para mencionar las dos cosas que se les solicitan, circula por la clase y pide a todos que mencionen una de las cosas en las que pueden ayudar. Elabora en la pizarra una lista para mostrar cómo los niños de tu grupo pueden servir a Jesús ¡desde ahora mismo!

Reserva algún tiempo para los oradores invitados que hayas traído para hablar acerca de las formas en que los niños se pueden involucrar en el trabajo de la parroquia. Cuando concluyan su presentación, da a los niños tiempo para que hagan preguntas y para que respondan la pregunta de reflexión. (Si no te es posible conseguir un orador invitado, tú puedes hacer una breve mención de las formas en que los jóvenes pueden involucrarse en el trabajo de la parroquia, y darles entonces un tiempo para que reflexionen sobre ello).

Dios te está llamando

Discutan cómo pueden los niños ayudar en el hogar y entonces vincula eso con la necesidad de que participen en la vida parroquial. Como miembros de una familia, todos estamos llamados a contribuir en cualquier forma que podamos hacerlo. Ninguna forma carecerá de importancia ni será demasiado pequeña.

En casa

Después de leer esta sección, trabajen todos juntos para elaborar una lista aún más larga de las formas en que los niños pueden, en su casa, servir como miembros del Cuerpo de Cristo.

Después, dales tiempo para que respondan la pregunta de reflexión escogiendo para ello tres cosas de las mencionadas en la lista elaborada por toda la clase.

En la escuela

Después de leer esta sección, trabajen todos juntos para elaborar una lista aún más larga de las formas en que los niños pueden, en la escuela, servir como miembros del Cuerpo de Cristo.

Después, dales tiempo para que respondan la pregunta de reflexión escogiendo para ello dos cosas de las mencionadas en la lista elaborada por toda la clase.

MISTAGOGIA

JORNADA DE FE

Menciona al menos dos cosas que puedas hacer desde ahora para ayudar a la Iglesia.

___

___

___

Dios te está llamando

No tienes por qué esperar a ser mayor para comenzar a contribuir a la obra de Dios. Todos los miembros de la Iglesia tienen algo que ofrecer. ¡No importa la edad que tengan!

Algunas personas, como los sacerdote y diáconos, dedican sus vidas a Dios en una forma especial, pero no hay que estar ordenado para participar en la obra de Dios. Las personas que no están ordenadas reciben el nombre de **laicos**. En estos momentos, tú eres un laico —y estás llamado a participar en la obra de Dios.

En tu hogar, hay cosas en las que ayudas a tus padres y hermanos. El ser parte de una familia significa compartir con sus miembros amor, ayuda y trabajo. Como parte de la familia de la Iglesia, tú tienes tareas especiales que realizar por ella y por Dios. Uno participa en la obra de Dios cada vez que alaba a Dios, ama a los demás como Dios nos ama y transmites a otros lo que conoces sobre el amor y la capacidad de perdón de Dios.

Cómo puedes servir

Tú puedes servir a Dios rezando en la Iglesia y aprendiendo todo lo que puedas sobre Jesús. ¡Así que durante todo el tiempo que has dedicado al RICA has estado sirviendo a Dios!

Pero también puedes servir a Dios fuera del templo, en tu vida diaria. Puedes servir a Dios cuando estás en la escuela, en tu hogar, practicando deportes o con tus amigos. Lo cierto es que ¡puedes encontrar la forma de servir a Dios en cualquier cosa que hagas!

En casa

Hay muchas posibilidades de ayudar a Dios en tu casa, con tu familia. Puedes comenzar por demostrarles que les amas, aun en los casos en que ello resulte difícil.

¿Tienes un hermano o hermana menor que necesite tener con quien jugar? Piensa en algún juego divertido con el que puedas poner una sonrisa en la carita de tu hermanita o hermanito.

¿Qué aspecto tiene tu habitación? ¿Es un desorden total? ¿Tiene tu mamá que estar recordándote constantemente que tienes que limpiarlo?

¿A quién le toca fregar los platos esta noche? Cuando terminen de cenar, ofrécete para hacerlo sin que te lo pidan (aunque hoy le toque a otro el turno del fregado de los platos).

Enumera tres cosas que puedas hacer en casa para servir a Dios.

___

___

___

En la escuela

Puede que algunos de los niños de tu aula no sepan absolutamente nada sobre Dios, pero sí saben lo que es sentirse amado y ayudado. Dios quiere que tratemos a todos con amor y que los ayudemos cuando necesiten ayuda. Esa es una manera de servir a Dios en la escuela.

¿Hay algún nuevo alumno en la clase? Tú puedes ayudarlo a que conozca a todo el mundo. Puedes mostrarle la escuela. Puedes tratarlo como amigo a la hora del recreo.

¿Hay alguien que necesite ayuda para comprender lo que está diciendo la maestra o el maestro? Quizás puedas ayudar a ese niño o niña si estudian juntos la asignatura que no entiende muy bien.

Menciona dos cosas que puedas hacer en la escuela para servir a Dios.

____

____

____

____

En la iglesia

Hay muchísimas cosas que puedes hacer en la iglesia para brindar tu ayuda. Puedes hacer mucho más que limitarte a asistir a misa una vez a la semana.

¿Hay un grupo de niños al que puedas incorporarte para trabajar en los eventos especiales organizados en la parroquia o para ayudar a decorar y limpiar la iglesia para las misas especiales?

¿Qué talentos posees? ¿Puedes cantar en el coro o tocar algún instrumento musical? Quizás puedas hasta actuar como guionista (presentador de las lecturas) o como monaguillo.

Menciona dos formas en la que puedas servir a Dios en la iglesia.

____

____

En tu barrio

También puedes servir a Dios si echas una mano en el vecindario. Puede que pienses que no puedes hacer grandes cosas pero a veces las pequeñas cosas que están al alcance de uno tienen un gran impacto.

¿Hay en tu barrio algún despensa para la distribución de alimentos a los necesitados? Ahí se necesitan personas que ayuden a recoger alimentos. Averigua si hay algún tipo de colecta en la que tú y tu familia puedan ayudar.

¿Hay alguien que necesite que pasen el rastrillo a su patio? ¿Alguien a quien le haga falta que le limpien el camino de acceso a su casa después de una nevada? ¿Alguien que necesite que saquen la basura por él o ella? Averigua si puedes ayudarlos.

Enumera una o dos maneras en las que puedes servir a Dios en tu vecindario.

____

____

SEÑOR, ¿EN QUÉ PUEDO SERVIRTE?

Querido Dios,

Gracias por hacerme hijo tuyo. Gracias por darme a Jesús que me enseña cómo amar y servir a otros. A veces me resulta difícil saber qué quieres que haga. Haz que mi corazón esté siempre dispuesto a dar amor. Haz que mis ojos estén siempre abiertos para ver las necesidades de las otras personas. Haz que mis oídos se abran para escuchar claramente lo que me dicen. Enséñame a amarte al amar a los demás.

Amén.

En la iglesia

Después de leer esta sección, trabajen todos juntos para elaborar una lista aún más larga de las formas en que los niños pueden, en su parroquia, servir como miembros del Cuerpo de Cristo.

Después, dales tiempo para que respondan la pregunta de reflexión escogiendo para ello dos cosas de las mencionadas en la lista elaborada por toda la clase.

En tu barrio

Después de leer esta sección, trabajen todos juntos para elaborar una lista aún más larga de las formas en que los niños pueden, en la comunidad de su vecindario, servir como miembros del Cuerpo de Cristo.

Después, dales tiempo para que respondan la pregunta de reflexión escogiendo para ello dos cosas de las mencionadas en la lista elaborada por toda la clase.

Actividad

Si te queda tiempo después de la lección de hoy, dales a los niños la posibilidad de que terminen la actividad en la clase. De lo contrario, pídeles que la terminen en casa. Circula entre ellos mientras trabajan, confirmando las respuestas correctas y aclarando las confusiones que pueda haber. A continuación aparecen las respuestas y cambios sugeridos.

Pon un ✔ junto a cada acción con la que se sirva a Dios. Pon una ✘ junto a cada acción que no sea un servicio a Dios. Después cambia cada oración marcada con ✘ de modo tal que la conviertas en una acción agradable a Dios.

✔ Recoger la basura tirada en la acera y deshacerse de ella

✘ Ignorar a tu mamá cuando ella te pide que cumplas con tus obligaciones

Hacer tus labores hogareñas en cuanto te pidan hacerlas (o sin que tengan que recordártelas)

✔ Rezar por alguien que no es amable contigo

✘ Quejarte de tu maestro

Orar por que te sea dada la paciencia que te ayude a aprender en clase cuando te sientas frustrado

✔ Aceptar ser acólito

✘ Mentir al explicar por qué no hiciste tu tarea

Decirle a tu maestro, con sinceridad, que no terminaste tu tarea y preguntarle qué puedes hacer para remediarlo

✔ Donar parte de tu estipendio

✘ Difundir rumores acerca de alguien de tu clase que no te agrada

Tratar con amabilidad a alguien de tu aula que no te agrada

SERVIR A DIOS

Pon un ✓ junto a cada acción con la que se sirva a Dios. Pon una ✘ junto a cada acción que no sea un servicio a Dios. Después cambia cada oración marcada con ✘ de modo tal que la conviertas en una acción agradable a Dios.

__________ Recoger la basura tirada en la acera y deshacerse de ella

__________ Ignorar a tu mamá cuando ella te pide que cumplas con tus obligaciones

__________ Rezar por alguien que no es amable contigo

__________ Quejarte de tu maestro

__________ Aceptar ser monaguillo

__________ Mentir al explicar por qué no hiciste tu tarea

__________ Donar parte de tu estipendio

__________ Difundir rumores acerca de alguien de tu clase que no te agrada

Resumen

- Los fieles laicos son muy importantes para la vida de la Iglesia.
- El laicado sirve a Dios junto a los sacerdotes y los religiosos consagrados.
- Los laicos viven su llamado a la santidad en el mundo de la familia, el trabajo y la comunidad.

Jornada de Fe para Niños, Mistagogia, M2 (827006)

Imprimi Potest: Stephen T. Rehrauer, CSsR, Provincial de la Provincia de Denver, Redentoristas.

Imprimatur: "Conforme al CIC 827, el 20 de septiembre de 2017, el Rev. Mons. Mark S. Rivituso, Vicario General de la Arquidiócesis de St. Louis, ha concedido el permiso de publicación de esta obra. El permiso para la publicación indica que la obra no contiene contradicciones con las enseñanzas de la Iglesia Católica; sin embargo, no implica la aprobación de las opiniones que se expresan en ella. Con este permiso no se asume ninguna responsabilidad".

Editores de *Jornada de Fe para Niños* 2017: Theresa Nienaber-Panuski y Pat Fosarelli, MD, DMin.

Diseño y producción: Wendy Barnes, John Krus, Lorena Mitre Jimenez, Bill Townsend. Ilustraciones: Jeff Albrecht.

LIBROS LIGUORI

Impreso en los Estados Unidos de América. 21 20 19 18 17 / 5 4 3 2 1. Tercera edición.

Oración final

Pon la canción que escogiste para la oración final de hoy y después concluyan con la oración "Señor, ¿en qué puedo servirte?" que aparece en lección impresa correspondiente a la sesión de hoy.

Querido Dios,

Gracias por hacerme hijo tuyo. Gracias por darme a Jesús que me enseña cómo amar y servir a otros. A veces me resulta difícil saber qué quieres que haga.

Haz que mi corazón esté siempre dispuesto a dar amor. Haz que mis ojos estén siempre abiertos para ver las necesidades de las otras personas. Haz que mis oídos se abran para escuchar claramente lo que me dicen. Enséñame a amarte al amar a los demás.

Amén.

Tarea

Anima a los niños a que hablen con sus padres acerca de los ministerios parroquiales en los les gustaría participar y después haz una llamada o envía un *email* al coordinador de ese ministerio como primer paso hacia una vida de servicio a Cristo.

M3: Los dones espirituales

Catecismo: 797–810, 2690

Objetivos

- Comenzar a descubrir que los dones del Espíritu Santo pueden hallarse en las vidas de los fieles.
- Reconocer que todos los dones especiales deben ser empleados por amor a y en servicio de otros.
- Discernir cuáles son los dones presentes en la vida de uno y cómo utilizarlos para bien de la Iglesia y de su comunidad.

Meditación del maestro

1 Corintios 12:4–11

San Pablo nos dice que "hay diversidad de ministerios, pero el Señor es el mismo". Piensa en la importancia de tu ministerio como catequista de personas tan jóvenes. ¿Qué dones especiales relacionados con este trabajo te ha dado el Espíritu? Piensa en ellos y ofrece una oración de acción de gracias. Debes saber que la Iglesia te está agradecida por la forma en que compartes tus dones.

Preparación del maestro

- Lee la lección, este plan de clase, el pasaje de la escritura y las secciones del *Catecismo.*
- Busca una grabación de un canto pascual para que lo utilices en la oración final.
- Trae ejemplares adicionales de la Biblia y el *Catecismo.*

Bienvenida

Saluda a los neófitos según vayan llegando. Comprueba si dispones de los materiales y artículos diversos que pudieras necesitar. Pide que hagan cualquier pregunta o comentario que tengan acerca de las sesiones anteriores y/o compartan con el grupo cualquier nueva información o conclusión en su poder. Comienza rápidamente.

Lectura inicial

1 Corintios 12:4–11

Enciende la vela y lee en voz alta. Antes de comenzar tu comentario del material impreso correspondiente a la sesión de hoy que se ha repartido, pide a los niños que piensen acerca de cuáles de los dones mencionados en la lectura bíblica leída hoy les parecieron familiares, y pídeles también que piensen en las personas que conocen que han sido bendecidas con cada uno de esos dones.

> El Espíritu Santo es "el principio de toda acción vital y verdaderamente saludable en todas las partes del cuerpo". Actúa de múltiples maneras en la edificación de todo el Cuerpo en la caridad.
>
> *CIC* 798

M3 MISTAGOGIA

Los dones espirituales

"El Espíritu Santo dio a los seguidores de Jesús un poder especial para que salieran y hablaran a los demás sobre Jesús. ¿Por qué tenemos que hacerlo nosotros sin ayuda?" preguntó Taya con el aspecto de estar preocupada.

"En realidad, no es así la situación de ustedes", dijo la señora Evans para tranquilizarla. "Cuando ustedes fueron bautizados y confirmados, el Espíritu Santo les dio también a ustedes dones especiales. No fue en una forma tan dramática como aquella de una llama descendida del cielo y posada sobre las cabezas de ustedes, pero, así y todo, ustedes recibieron los siete dones del Espíritu Santo: sabiduría, ciencia, sanación, poder de obrar milagros, profecía, discernimiento, y don de lenguas e interpretación".

NIÑOS

CIC 797–810, 2690

M3

Los dones espirituales

En dependencia del tiempo del que dispongas para esta sesión y de tus preferencias personales, se puede leer cada uno de los dones del Espíritu entre todo el grupo o puedes dividir a los niños en siete grupos y hacer a cada uno de estos responsable de enseñar al resto del grupo todo lo relativo a ese don.

Recuerde a los hijos de los siete dones del Espíritu Santo que aprendieron en *C4: El sacramento de la Confirmación*. Los dones enumerados aquí son los que San Pablo escribe en 1 Corintios 12.

Si te decides por la variante de los grupos, cerciórate de tener ejemplares del *Catecismo* y de la Biblia suficientes para que los grupos puedan investigar más y no tengan que limitarse a leer lo que dice la lección impresa.

Sabiduría

Respondan entre todos las preguntas de reflexión (o haz que los grupos presenten sus ejemplos y cualquier cosa nueva que hayan aprendido de su investigación adicional).

Entre las respuestas sugeridas para la pregunta de "cómo se puede actuar con sabiduría", se encuentran: evangelizar a otras personas, responder preguntas acerca de la fe, darse cuenta de cuándo es mejor no responder (bajo los impulsos de la ira o el resentimiento), etc.

Ciencia

Respondan entre todos las preguntas de reflexión (o haz que los grupos presenten sus ejemplos y cualquier cosa nueva que hayan aprendido de su investigación adicional).

Entre las respuestas sugeridas para la pregunta de "cómo se puede actuar con ciencia", se encuentran: instruir a otros sobre la fe, actuar como tutor de un hermano o hermana menor o de un compañero de aula en alguna asignatura específica, y en cosas similares a esas.

Fe

Respondan entre todos las preguntas de reflexión (o haz que los grupos presenten sus ejemplos y cualquier cosa nueva que hayan aprendido de su investigación adicional).

Entre las respuestas sugeridas para la pregunta de "cómo se puede actuar con fe", se encuentran: dejar el hogar para convertirse en misionero, continuar buscando respuestas cuando tienes dudas, unirte a la vida consagrada o religiosa, o cosas similares a esas.

MISTAGOGIA

JORNADA DE FE

Los dones del Espíritu Santo

El Espíritu Santo da diferentes dones a las diferentes personas. En 1 Corintios, san Pablo menciona muchos de esos dones espirituales. Al estudiarlos, tata de descubrir cuáles dones has recibido tú.

SABIDURÍA

La sabiduría nos ayuda a ver la obra de Dios en el mundo. Podemos crecer en sabiduría al estudiar sobre Dios y buscar a Dios en todo lo que hacemos. Actuamos con sabiduría cuando escuchamos a otros y ayudamos a nuestros amigos a hacer buenas elecciones.

¿A quién conoces que posea el don de la sabiduría? ¿Qué es lo que lo hace o la hace una persona sabia?

¿Cómo puedes tú actuar con sabiduría?

CIENCIA

La ciencia nos ayuda a comprender cómo actúa Dios en el mundo. Todos nosotros poseemos ciencia, pero no siempre con relación a las mismas cosas. Podemos crecer en conocimiento si estudiamos duro en la escuela o practicamos un deporte o aprendemos a tocar un instrumento. Actuamos con ciencia cuando compartimos con otros lo que sabemos.

¿A quién conoces que tenga el don de ciencia? ¿Qué es lo que lo hace o la hace una persona entendida?

¿Cómo puedes actuar utilizando el don de ciencia?

FE

La fe nos permite creer en Dios y en la forma en que él obra en el mundo. Podemos crecer en la fe si conocemos más sobre Dios a través de las Escrituras y la Iglesia. Actuamos con fe cuando depositamos nuestra confianza en Dios y cuando compartimos con otras personas lo que sabemos sobre Dios y todo lo que amamos en él.

¿A quién conoces que posea el don de fe? ¿Qué es lo que hace de él o de ella una persona de fe?

¿Cómo puedes actuar de forma que corresponda al don de fe?

SANACIÓN

Sanar significa saber cómo hacer que alguien se sienta mejor. Esto puede significar curarlo físicamente. También puede significar sanar el espíritu de alguien o darle ánimo. Crecemos en el don de sanación si nos tomamos más tiempo en escuchar a las personas cuando están atravesando por una situación dolorosa. Actuamos conforme al don de sanación cuando llevamos alegría a quien está triste o visitamos a alguien que está enfermo.

¿A quién conoces que tenga el don de sanación? ¿Cómo sana esa persona a otros?

¿Cómo puedes tú, con tus acciones, llevar la sanación a otros?

Sanación

Respondan entre todos las preguntas de reflexión (o haz que los grupos presenten sus ejemplos y cualquier cosa nueva que hayan aprendido de su investigación adicional).

Entre las respuestas sugeridas para la pregunta de "cómo se puede actuar con sanación", se encuentran: trabajar como voluntario en un hospital o centro de rehabilitación, ofrecer aliento a un amigo angustiado, ponerte a la disposición de un compañero de aula que necesita hablar y prestarle verdadera atención, y cosas similares a esas.

Poder de hacer milagros

Los milagros no son solo esas cosas extraordinarias que hacen noticia. Es más, acciones realmente pequeñas pueden resultar algo formidable cuando las realizamos con intenso amor. Podemos realizar grandes obras si tratamos de otras personas tengan una vida mejor. Cuando quitamos la nieve del camino de entrada a la casa de un vecino o cuando recogemos la mesa sin que nos lo pidan, estamos haciendo una gran obra.

¿Qué persona conoces que tenga el don de realizar grandes obras? ¿Qué grandes obras ha realizado?

¿Qué grandes obras pudieras realizar tú?

Profecía

En las Escrituras podemos encontrar ejemplos de personas que emplear el don de la profecía. Algunas de esas personas recibieron el nombre de profetas debido a que, valiéndose de este don, pudieron transmitir al pueblo de Dios información que, hasta entonces, era secreta. El don de la profecía puede, en algunos casos, significar que a la persona le es dado conocer acontecimientos futuros o acontecimientos pasados en los que no estuvo presente. San Pablo nos dice que la profecía puede ser una inspiración divina acerca de lo desconocido.

¿A quién conoces que tenga el don de profecía? ¿Cómo se manifiesta ese don en él o ella?

¿Cómo puedes tú actuar como corresponde a quien tiene el don de profecía?

Discernimiento

Decimos que tiene el don de discernimiento quien ve las cosas y las personas de la forma en que las ve Dios. Actuamos con discernimiento cuando tenemos presente que todos, aun las personas con las que no nos llevamos bien, son hijos de Dios.

¿A quién conoces que posee el don de discernimiento? ¿Cómo se manifiesta ese don en él o ella?

¿Cómo puedes tú actuar como corresponde a quien tiene el don de discernimiento?

Lenguas e interpretación

El día de Pentecostés, el Espíritu Santo dio a los discípulos el don de lenguas para que pudieran hablar de Jesús de forma tal que todo el mundo pudiera entenderlos. En 1 Corintios, capítulo 14, san Pablo nos dice que podemos darnos cuenta de que alguien realmente tiene y emplea el don de lenguas si vemos que la fe de esa persona, o de todo el grupo, crece y se fortalece.

Menciona a alguien que conozcas que tenga el don de lenguas o de interpretación. ¿Cómo te has dado cuenta de eso?

¿Cómo puedes tú actuar como quien posee el don de lenguas o el de interpretación de lenguas?

Poder de hacer milagros

Respondan entre todos las preguntas de reflexión (o haz que los grupos presenten sus ejemplos y cualquier cosa nueva que hayan aprendido de su investigación adicional).

Entre las respuestas sugeridas para la pregunta de "cómo se puede actuar como quien puede hacer milagros", se encuentran: responder con amabilidad cuando alguien es grosero contigo, recoger la basura de los pasillos entre turnos de clase, ofrecerte como voluntario en casa para hacer diversos quehaceres antes de que te lo pidan, y cosas por el estilo.

Profecía

Respondan entre todos las preguntas de reflexión (o haz que los grupos presenten sus ejemplos y cualquier cosa nueva que hayan aprendido de su investigación adicional).

Entre las respuestas sugeridas para la pregunta de "cómo se puede actuar con profecía", se encuentran: hablar claramente en contra de cualquier acción que veas que vaya contra la dignidad de una persona, participar en desfiles y marchas providas, expresando los puntos de vista católicos en los debates estudiantiles, y otras cosas por el estilo.

Discernimiento

Respondan entre todos las preguntas de reflexión (o haz que los grupos presenten sus ejemplos y cualquier cosa nueva que hayan aprendido de su investigación adicional).

Entre las respuestas sugeridas para la pregunta de "cómo se puede actuar con discernimiento", se encuentran: hacer un esfuerzo por llegar a conocer a las personas y sus intereses y talentos, dedicarle un tiempo a tratar de comprender los puntos de vista de las personas con las que estamos en desacuerdo, y cosas así.

Lenguas e interpretación

Respondan entre todos las preguntas de reflexión (o haz que los grupos presenten sus ejemplos y cualquier cosa nueva que hayan aprendido de su investigación adicional).

Entre las respuestas sugeridas para la pregunta de "cómo se puede actuar como quien tiene el don de lenguas e interpretación", se encuentran: evangelizar a las personas a partir del punto en el que se encuentran en su fe y no menospreciarlas, expresando los elogios y no solo pensándolos, respondiendo a las críticas con compasión, respondiendo a los otros con empatía, ofreciendo ayuda a familiares o amigos que parezcan estar agobiados, y otras cosas por el estilo.

Actividad

Deja un tiempo al final de la clase para que los niños completen la actividad. Circula entre ellos mientras están trabajando, reafirmando las respuestas correctas y aclarando cualquier confusión que haya. A continuación te damos las respuestas correctas.

JUEGO DE REGALO

Enlaza cada uno de los dones con un ejemplo de su puesta en práctica.

Sabiduría	Dar consuelo a alguien cuyo padre ha muerto
Ciencia	Tener conocimiento, por medio de la inspiración divina, de algo que sucederá en el futuro
Sanación	Ayudar a tu amiga a tomar una decisión pensando en qué querría Dios que ella eligiera hacer
Don de obrar milagros	Ayudar a tu amigo o amiga con su tarea de Matemáticas
Fe	Dedicar un sábado al mes para ayudar a los sin techo
Discernimiento	Valorar el punto de vista de tu hermano antes de ponerte a discutir con él
Profecía	Hablar acerca de tu nueva fe y de tu amistad con Dios para inspirar en otros el incremento de su fe
Lenguas/Interpretación	Ayudar a tu amiga a darse cuenta de en qué forma Dios está actuando en su vida

Resumen

- Las vidas de los fieles nos permiten descubrir los dones del Espíritu Santo.
- Empleamos nuestros dones espirituales para amarnos y servirnos los unos a los otros.
- Cada uno de nosotros es responsable de descubrir, alimentar y compartir nuestros dones espirituales.

Jornada de Fe para Niños, Mistagogia, M3 (827006)

Imprimi Potest: Stephen T. Rehrauer, CSsR, Provincial de la Provincia de Denver, Redentoristas.

Imprimatur: "Conforme al CIC 827, el 20 de septiembre de 2017, el Rev. Mons. Mark S. Rivituso, Vicario General de la Arquidiócesis de St. Louis, ha concedido el permiso de publicación de esta obra. El permiso para la publicación indica que la obra no contiene contradicciones con las enseñanzas de la Iglesia Católica; sin embargo, no implica la aprobación de las opiniones que se expresan en ella. Con este permiso no se asume ninguna responsabilidad".

Editores de *Jornada de Fe para Niños* 2017: Theresa Nienaber-Panuski y Pat Fosarelli, MD, DMin.

Diseño y producción: Wendy Barnes, John Krus, Lorena Mitre Jimenez, Bill Townsend. Ilustraciones: Jeff Albrecht.

LIBROS LIGUORI

Impreso en los Estados Unidos de América. 21 20 19 18 17 / 5 4 3 2 1. Tercera edición.

- Sabiduría → Ayudar a tu amiga a tomar una decisión pensando en qué querría Dios que ella eligiera hacer
- Ciencia → Ayudar a tu amigo o amiga con su tarea de Matemáticas
- Sanación → Dar consuelo a alguien cuyo padre ha muerto
- Don de obrar milagros → Dedicar un sábado al mes para ayudar a los sin techo
- Fe → Hablar acerca de tu nueva fe y de tu amistad con Dios
- Discernimiento → Valorar el punto de vista de tu hermano antes de ponerte a discutir con él
- Profecía → Decírselo al maestro o maestra cuando ves que están sometiendo a alguien al bullying
- Lenguas/Interpretación → Ayudar a tu amiga a darse cuenta de en qué forma Dios está actuando en su vida

Oración final

Concluye con la canción que escogiste para la sesión de hoy o, si no puedes poner música, recen la Oración del Señor todos juntos.

Tarea

Pide a los niños y sus familias que escojan un don del Espíritu Santo que quieran cultivar en el hogar y entonces escojan un santo o santa que ejemplifique el uso de ese don en el servicio a Dios y estudian sobre él o ella en familia.

M4: Decisiones difíciles

Catecismo: 407, 800, 1776–94

Objetivos

- Definir el discernimiento espiritual como un proceso de toma de decisiones con el que se busca conocer cuál es la voluntad de Dios.
- Seguir los pasos del proceso de discernimiento de san Ignacio de Loyola.
- Reconocer que el discernimiento desempeña en importante papel en nuestro crecimiento espiritual y en nuestra jornada de fe.

Meditación del maestro

Hebreos 13:7, 16–21

A pesar de que san Pablo está seguro de tener la conciencia limpia, se da cuenta de que también necesitará orar para que el Espíritu Santo lo guíe. Él está describiendo el proceso de discernimiento. Dedica un momento a considerar en qué forma tomas actualmente las decisiones difíciles. ¿Practicas tú el discernimiento?

Preparación del maestro

- Lee la lección, este plan de clase, el pasaje de la escritura y las secciones del *Catecismo*.
- Busca una grabación de un canto pascual para utilizarlo en la oración final.
- Familiarízate con el vocabulario de esta lección: discernimiento. Las definiciones están en el glosario de esta guía.

Bienvenida

Saluda a los neófitos según vayan llegando. Comprueba si dispones de los materiales y artículos diversos que pudieras necesitar. Pide que hagan cualquier pregunta o comentario que tengan acerca de las sesiones anteriores y/o compartan con el grupo cualquier nueva información o conclusión en su poder. Comienza rápidamente.

Lectura inicial

Hebreos 13:7, 16–21

Enciende la vela y lee en voz alta. Después de haber leído, pide a los niños que enumeren los mandamientos recibidos por los seguidores de Jesús. Háblales entonces de cómo los niños pueden seguir esos mandamientos en sus propias vidas.

Compartir lo que tenemos y hacer siempre el bien. Obedecer a nuestros líderes/personas que ocupan cargos de autoridad/ padres o tutores. Rezar por los otros cristianos, especialmente por los sacerdotes, religiosos y religiosas, y misioneros laicos.

> El hombre se ve a veces enfrentado con situaciones que hacen el juicio moral menos seguro, y la decisión difícil. Pero debe buscar siempre lo que es justo y bueno y discernir la voluntad de Dios expresada en la ley divina. Para esto, el hombre se esfuerza por interpretar los datos de la experiencia y los signos de los tiempos gracias a la virtud de la prudencia, los consejos de las personas entendidas y la ayuda del Espíritu Santo y de sus dones.
>
> *CIC* 1787–88

M4

MISTAGOGIA

Decisiones difíciles

Tomás no sabía qué hacer. Él le había prometido a su abue que lo visitaría y trabajaría en su tienda después de clases. El problema era que, a la salida de la escuela, uno de sus amigos le había pedido que fuera a jugar soccer con ellos.

"¡Pero Tomás!" dijo su amigo con tono lastimero. "Te necesitamos en el equipo. Sin ti, vamos a perder. ¡Tienes que jugar!"

Tomás sabía que le había hecho una promesa a su abue, pero sus amigos también lo necesitaban. Tomás no quería romper la promesa que le había hecho a su abuelito, pero tampoco quería quedar mal con sus amigos.

NIÑOS

CIC 407, 800, 1776–94

Decisiones difíciles

Contesten entre todo el grupo la primera pregunta de reflexión. Si quieres adoptar una variante más activa, puedes dividir a los niños en dos grupos. El primer grupo representará qué pudiera suceder si Tomás acepta irse a jugar con sus amigos. El segundo grupo representará qué pudiera pasar si Tomás se va a trabaja con su abuelito. No obstante, no emplees mucho tiempo en esta pregunta porque más adelante la retomarás con mayor detalle.

Respondan la segunda pregunta de reflexión mediante la discusión en grupo del proceso de toma de decisiones. Si tienes dónde anotar esta lista, hazlo; de lo contrario anima a los participantes a que tomen notas. Pon énfasis en los modos en que llegamos a una decisión y en cómo determinados procesos funcionan mejor para algunas personas que para otras.

Decisiones complicadas

A veces resulta más fácil comprender los siete pasos del discernimiento cuando los aplicamos a un dilema real. Pudieras optar por aplicar, con el grupo, cada paso al dilema que en que se encuentra Tomás en la historia que aparece al inicio. Pudieras también optar por un dilema hipotético al cual podría, junto con todo el grupo, ir aplicando cada uno de los pasos. Si dispones de un tiempo extra, también pudieras dividir a los niños en grupos pequeños que elegirían un dilema al que aplicar los pasos del discernimiento y que posteriormente presentarían ante todo el grupo al terminar.

A continuación hemos incluido un ejemplo en el que se ha utilizado el dilema de Tomás.

Primer paso

El dilema de Tomás es…

Tomás le prometió a su abuelito que trabajaría en su tienda después de clases. Su abuelito está contando con esa ayuda adicional. Sus amigos también tienen verdadera necesidad de que Tomás participe en el juego porque, de lo contrario, van a perder el partido de soccer.

La oración de Tomás sería algo así como…

Querido Jesús, estoy por el piso y no sé qué hacer. Quiero cumplir la promesa que le hice a mi abuelito pero no quiero defraudar a mis amigos. ¡Todo el mundo está contando conmigo! No estoy seguro de qué es lo que debo hacer para actuar correctamente. ¿Pudieras ayudarme a tomar la decisión que tú hubieras tomado? Amén.

MISTAGOGIA

JORNADA DE FE

¿Qué le recomendaría a Tomás que hiciera? ¿Por qué?

¿Cómo tomas tú tus decisiones en casos en que resulta difícil hacerlo?

Decisiones complicadas

No es siempre fácil tomar una decisión. A la acción de escoger entre una cosa y otra se le llama **discernimiento**. Discernir significa "escoger el camino correcto". San Ignacio de Loyola creó un sistema que, en pocos pasos, ayuda a tomar las decisiones correctas. Según vayas estudiando cada uno de los pasos, piensa en qué debe decidir Tomás o piensa en una decisión que tú tienes que hacer.

Primer paso

Formula tu problema de forma clara y pide a Dios que te ayude.

Es preciso que, antes de tomar una decisión, pienses bien cuál es la situación sobre la cual tienes que decidir. Piensa en lo que está sucediendo. Entonces formula claramente qué tratas de decidir. Lo puedes expresar en voz alta o escribirlo. Una vez que hayas hecho eso, ruega a Dios que te guíe cuando estés decidiendo cómo actuar. Dios te guiará en cada uno de tus pasos.

Escribe a continuación cuál es tu problema.
Di entonces una corta oración en la que ofrezcas tu problema a Dios.

____

____

____

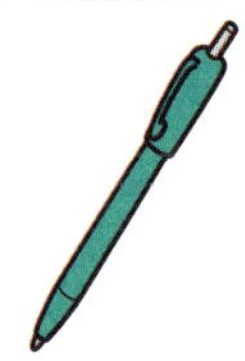

Segundo paso

Formula los pros y los contras de cada decisión.

Prepara una lista para cada una de las decisiones posibles. Piensa en los efectos que cada una de ellas tendrá en tu vida. Reconoce lo bueno (los pros) que cada decisión puede tener como resultado. Piensa en los problemas (los contras) que pueden surgir. Puede que también quieras hablar de ello con alguien en quien confíes y no esté involucrado en la cuestión. Quizás él o ella pueda darse cuenta de algunos aspectos de esa decisión que tú no hayas notado.

Anota los pros y los contras de cada decisión.

PROS	CONTRAS

Segundo paso

La lista de los pros y los contras de la decisión de ir a ayudar a su abuelito sería, más o menos,…

Pros: Cumple lo prometido a su abuelito. No perderá la confianza de su abuelito. Gana experiencia con su trabajo en la tienda.

Contras: Sus amigos estarían disgustados con él durante uno o dos días. Sus amigos pudieran perder el partido de soccer. Él va a pasarse el día encerrado entre cuatro paredes, ¡con lo lindo que estaba el día!

La lista de Tomás de los pros y los contras de ir a jugar con sus amigos sería, más o menos…

Pros: Disfruta de un juego al aire libre en un día muy bonito. Ayuda a sus amigos a ganar el partido.

Contras: Su abuelito pudiera disgustarse con él. Él estaría faltando a sus promesas.

Tercer paso

Háblale a Dios de tu lista.

A veces la decisión que deseamos tomar no es la correcta. Es por eso que, antes de tomar una decisión, consultamos con Dios. Cuéntale a Dios sobre tu lista y tus posibles decisiones. Entonces limítate a escuchar. No pienses en la decisión. Mantén tu corazón y tu mente abiertos a lo que Dios intenta decirte.

Puede resultarnos difícil renunciar a lo que queremos hacer para hacer lo que Dios quiere que hagamos. Es por eso que no se nos puede olvidar hablar con Dios siempre que tengamos que tomar una decisión importante. Si no estás seguro de por dónde comenzar, reza la Oración del Señor. Haz una pausa después de decir "venga a nosotros tu reino, hágase tu voluntad".

Cuarto paso

Toma tu decisión.

Reza hasta que sientas que ya sabes cuál es la mejor decisión.

Vuelve a pensar en el problema que anotaste en el primer paso. ¿Qué elección piensas tú que Dios desearía que hicieras?

Quinto paso

Reflexiona sobre esa decisión.

Ahora sabes qué vas a hacer. Ora y preséntale una vez más tu decisión a Dios. Piensa en lo que pudiera cambiar después de tomar esa decisión. Pídele al Espíritu Santo que te dé valor para llevar adelante tu decisión.

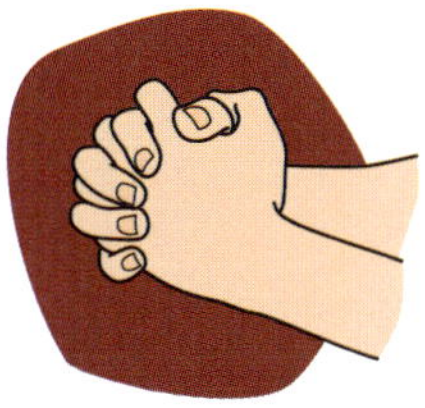

Sexto paso

Toma la decisión.

Ahora es que tienes que hacer oficial tu decisión. No siempre te hará feliz hacer lo correcto. Puede que te sientas mal por haber dejado de hacer algo en compañía de tus amigos. O puede que tengas que admitir que habías hecho algo malo.

Lo correcto no es siempre lo que lo hace a uno más feliz en ese momento. Es lo que nos acerca más a Dios.

MISTAGOGIA

JORNADA DE FE

Piensa en tu problema empezando por el primer paso. Escribe cuál debiera ser tu decisión.

____

____

____

____

____

____

Tercer paso

Para este paso, los niños harán una pausa y reflexionarán en silencio acerca de la decisión de Tomás. Pide después voluntarios que deseen compartir sus opiniones acerca de lo que debería hacer Tomás.

Cuarto paso

Entre todos, usen la información recogida en los pasos uno al tres para poder llegar a una decisión.

Quinto paso

Todos juntos digan una corta oración de reflexión sobre la decisión tomada. Puede ser tan simple como orar: Jesús, hemos decidido ____________________. Por favor, ayúdanos a llevar adelante esa decisión y danos tu gracia para ello. Amén.

Sexto paso

Ahora reafirmen la decisión final del grupo. Pregunta a los niños qué piensan que sucederá después de haber tomado esa decisión. Pregúntales si serán diferentes la forma en que se sentirán al principio por haber tomado esa decisión y cómo se sentirán, a la larga (semanas o meses más tarde), por haberla tomado.

Actividad

Si dispones de tiempo al final de la sesión, permite a los niños trabajar solos en la actividad "Decisiones difíciles". En esta actividad no hay respuestas correctas o incorrectas, así que deja a los niños trabajan a su ritmo y por sí solos. Circula entre ellos y muéstrate dispuesto a contestar sus preguntas si surge alguna. Si no tienes tiempo para esto al final de la sesión, anímalos a completar a actividad por sí mismos.

Decisiones difíciles

Ahora utiliza ese proceso tú solo. Haz tus anotaciones donde prefieras hacerlo. No tienes que hablarlo con nadie si prefieres no hacerlo. ¡Y recuerda no dejar de hablar con Dios durante todos y cada uno de los pasos!

1. Tengo que tomar una decisión acerca de...

2. Si decido de una manera, ¿cuáles son...

...las cosas buenas que pueden suceder?

...las cosas malas que pueden suceder?

3. Si tomo la otra decisión, ¿cuáles son...

...las cosas buenas que pueden suceder?

...las cosas malas que pueden suceder?

4. Escribe la oración que haces para pedir a Dios ayuda en tu decisión.

Ahora que ya has utilizado esta forma de tomar una decisión, ¿cuál ha sido el paso que te ha resultado más difícil?

Resumen

- El discernimiento espiritual es un proceso de toma de decisiones mediante el cual buscamos conocer la voluntad de Dios.
- San Ignacio de Loyola nos ofrece un proceso de discernimiento.
- El discernimiento tiene un importante papel en nuestro crecimiento espiritual y en nuestra jornada de fe.

Jornada de Fe para Niños, Mistagogia, M4 (827006)

Imprimi Potest: Stephen T. Rehrauer, CSsR, Provincial de la Provincia de Denver, Redentoristas.

Imprimatur: "Conforme al CIC 827, el 20 de septiembre de 2017, el Rev. Mons. Mark S. Rivituso, Vicario General de la Arquidiócesis de St. Louis, ha concedido el permiso de publicación de esta obra. El permiso para la publicación indica que la obra no contiene contradicciones con las enseñanzas de la Iglesia Católica; sin embargo, no implica la aprobación de las opiniones que se expresan en ella. Con este permiso no se asume ninguna responsabilidad".

Editores de *Jornada de Fe para Niños* 2017: Theresa Nienaber-Panuski y Pat Fosarelli, MD, DMin.

Diseño y producción: Wendy Barnes, John Krus, Lorena Mitre Jimenez, Bill Townsend. Ilustraciones: Jeff Albrecht.

LIBROS LIGUORI

Los textos de la Escritura han sido tomados de la *Biblia de Jerusalén Latinoamericana*, Desclee de Brower, Bilbao, España. Todos los derechos reservados. Los textos del *Catecismo de la Iglesia Católica* y demás textos pontificios fueron tomados con permiso de *Librería Editrice Vaticana*; versión en español.

Impreso en los Estados Unidos de América. 21 20 19 18 17 / 5 4 3 2 1. Tercera edición.

Oración final

Pide a los niños que piensen en una decisión importante que ha estado dándoles vueltas en la mente. Di a los niños que, en silencio, ofrenden esa decisión a Dios mientras rezan con la canción que has escogido para la oración final de hoy. Si no dispones de música, recen juntos el Gloria.

Tarea

Anima a los niños a que creen su propia versión de estos pasos y la cuelguen en algún lugar de la casa en el que toda la familia pueda verla. Después deberán ayudar a crear, en familia, una oración que les ayude a tomar decisiones y que todos puedan rezar antes de hacer una elección verdaderamente importante.

M5: El llamado a la santidad

Catecismo: 2012–16, 1691–98, 2028, 2427

Objetivos

- Reconocer la significación del llamado universal a la santificación de la vida cristiana.
- Definir la santidad como algo que se produce —generalmente de forma gradual— con la ayuda del Espíritu Santo.
- Identificar cuáles son los obstáculos a la santidad y las acciones que la cultivan.

Meditación del maestro

1 Pedro 1:15–16; Hebreos 12:14–29

Seguir a Jesús implica hacerse parecido a él. No hemos sido llamados a un reino inalcanzable, sino inquebrantable —la ciudad del Dios viviente. Hemos encontrado la santa misa y en ella Jesús viene a cada uno de nosotros. Estamos llamados a procurar la santidad de Jesús, a quien recibimos en la Eucaristía para hacernos iguales a él. ¿En qué punto te encuentras en esa jornada hacia la santidad?

Preparación del maestro

- Lee la lección, este plan de clase, el pasaje de la escritura y las secciones del *Catecismo*.
- Consigue materiales de dibujo, incluidos papel o cartulina adicionales, para la actividad final.
- Consigue una grabación de una canción pascual para utilizarla en la oración final.

Bienvenida

Saluda a los neófitos según vayan llegando. Comprueba si dispones de los materiales y artículos diversos que pudieras necesitar. Pide que hagan cualquier pregunta o comentario que tengan acerca de las sesiones anteriores y/o compartan con el grupo cualquier nueva información o conclusión en su poder. Comienza rápidamente.

Lectura inicial

1 Pedro 1:15–16; Hebreos 12:14–29

Enciende la vela y lee en voz alta. Entre todos discutan qué es lo que aprendemos acerca de la santidad al estudiar la vida de Jesús, y qué tenemos que hacer en nuestra vida para vivirla santamente.

> "Todos los fieles, de cualquier estado o régimen de vida, son llamados a la plenitud de la vida cristiana y a la perfección de la caridad" Todos son llamados a la santidad: "Sed perfectos como vuestro Padre celestial es perfecto".
>
> *CIC* 2013

M5

MISTAGOGIA

El llamado a la santidad

Tomás y sus amigos iban a ir a jugar futbol después de clases. Cada equipo escogería ahora a sus integrantes. A Tomás lo escogieron enseguida. Al último que escogieron fue a Terrence. Al parecer siempre era así: a Terrence lo dejaban para el final.

"Me parece que hoy no voy a jugar", le dijo Terrence a Tomás al día siguiente en la escuela.

"¿Por qué no vamos para mi casa para jugar juntos? ¡Para mí no sería lo mismo jugar sin mi mejor amigo!" dijo Tomás con una sonrisa.

Muy sonriente, Terrence le dijo "¡Fantástico!"

NIÑOS

CIC 2012–16, 1691–98, 2028, 2427

El llamado a la santidad

Lean la historia que aparece a comienzos de la lección y den a las preguntas de reflexión respuestas elaboradas por todo el grupo.

Tomás se da cuenta de que su mejor amigo está disgustado. En lugar de dejar que Terrence vuelva a su casa sintiéndose triste y sin haber jugado, Tomás decide jugar un partido uno contra uno con Terrence. Puede ser que Tomás esté renunciando a jugar con un grupo grande pero está demostrando que quiere a Terrence y que no quiere que esté triste.

En busca del tesoro escondido

Respondan todos juntos la pregunta de reflexión. Haz hincapié en que la santidad no es solo "actuar de modo perfecto". Anima a los niños a que rememoren las vidas de los santos y extraigan de ellas las acciones y hábitos que esas personas ponían en práctica en sus vidas ordinarias y las hicieron santas.

Después dales a los niños tiempo para que terminen la segunda pregunta de reflexión. Anímalos a pensar en personas que conocen y en figuras de las que han oído hablar.

Una vez que los niños hayan terminado, circula por el grupo y pide a cada niño que comparta con el grupo el nombre de una persona que consideren santa y que expliquen por qué.

JORNADA DE FE **MISTAGOGIA**

¿Qué ejemplo de vida santa está dando Tomás?

En busca del tesoro escondido

Hoy vamos a buscar un tesoro escondido, pero ese tesoro no es de oro. El tesoro escondido de hoy es la santidad. ¡El tipo de santidad que podemos encontrar y compartir todos los días!

¿Qué crees tú que es la santidad?

Menciona a las tres personas más santas que conozcas. Después, explica en dos o tres oraciones por qué consideras que son santas y deja, por el momento, vacío el número 4.

1. ______________________________

2. ______________________________

3. ______________________________

4. ______________________________

HAGAMOS EL MAPA DEL TESORO DE LA SANTIDAD

PRIMERA PARADA: tu iglesia

Tu primera parada en el recorrido en busca de la santidad está en la iglesia. Cada vez que vas a misa, aprendes a alabar a Dios y amar a tus amigos y prójimos. Entonas cantos acerca de la bondad de Dios. Escuchas historias acerca de Dios y el pueblo de Dios.

Lo mejor de todo es que recibes a Jesús en tu corazón durante la comunión. ¡Jesús es el mejor guía que puedes tener en tu busca de la santidad!

¿Recuerdas los dos mandamientos que Jesús nos dio? El primer mandamiento es *"Amarás al Señor, tu Dios, con todo tu corazón, con toda tu alma y con toda tu mente"* (Mateo 22:37). Al rezar con amigos y familiares, vas aprendiendo el secreto del verdadero amor a Dios.

¿Cómo más puedes hallar la santidad en la iglesia?

HAGAMOS EL MAPA DEL TESORO DE LA SANTIDAD

Primera parada: tu iglesia

Dales tiempo a los niños para que respondan solos la pregunta de reflexión. Pide después voluntarios que deseen compartir sus respuestas.

Las respuestas sugeridas incluyen las siguientes: Aprender sobre Jesús con las lecturas, escuchar en la homilía del sacerdote cómo vivir una vida santa, experimentar cómo se puede rezar mediante una canción, y así sucesivamente.

Segunda parada: tu barrio

Da tiempo a los niños para que respondan las preguntas de reflexión por sí solos. Pide entonces voluntarios que deseen compartir sus respuestas.

Entre las respuestas sugeridas están incluidas: Encontramos la santidad en nuestro vecindario cuando los vecinos mantienen relaciones entre sí, se ayudan mutuamente, se interesan en llegar a conocerse bien, y cosas por el estilo. Damos muestras de santidad a nuestros vecinos cuando los saludamos al encontrarnos con ellos; cuando respetamos sus hogares, sus propiedades y su privacidad; cuando nos ofrecemos voluntariamente para ayudar, etc.

MISTAGOGIA

JORNADA DE FE

SEGUNDA PARADA: tu barrio

La santidad es buena parte del amor. El segundo mandamiento que Jesús nos dio es *"Amarás a tu prójimo como a ti mismo"* (Mateo 22:39). Aprender a amar al prójimo requiere de práctica. ¿Hay alguna persona que necesite tu ayuda? Pregúntales a tus padres. Quizás tú puedas sacar la basura o cortar el césped de un vecino enfermo o anciano. O pudieras cortar unas flores o hacer una tarjeta para visitar a un vecino que necesita que alguien le transmita algo de alegría.

¿Cómo puedes encontrar la ruta hacia la santidad en tu vecindario?

¿Cómo puedes comportarte más a la manera de Jesús cuando juegas?

TERCERA PARADA: tu aula

Piensa en tus compañeros de clase. ¿Hay alguno del que a veces se rían o al que ignoren? ¿Hay algo que puedas hacer para que esa persona se sienta mejor? ¿Hay alguien a quien le están resultando difíciles los estudios? Quizás puedas ayudarlo a estudiar. Puede no sean tus vecinos más próximos, pero tus compañeros de clase son también tus prójimos.

¿Cómo seguir la ruta hacia la santidad en la escuela?

CUARTA PARADA: el patio de juegos

En el patio de recreo encontrarás muchas pistas para hallar el tesoro escondido. Se puede jugar limpio. Se puede perder y seguir siendo amable. Se puede ganar sin hacer que el otro equipo se sienta mal. Se puede lograr que todo el que quiera jugar tenga oportunidad de hacerlo. Recuerda que Jesús sigue en tu corazón cuando estás en el área de juegos. Si no sabes qué hacer, pregúntale qué haría él.

QUINTA PARADA: tu familia

A veces es más difícil amar a los miembros de nuestra familia que amar a un vecino o un extraño. Sin embargo, ¡el amor a la familia, al hogar, es una de las mejores rutas para encontrar y compartir la santidad!

¿Qué puedes hacer para demostrar amor a tu familia?

ÚLTIMA PARADA: tu iglesia

¡Estamos de regreso al punto de partida! ¡Has recorrido un círculo perfecto!

Todos sabemos que podemos hallar la santidad en Dios y en la Iglesia. Sin embargo, no se puede ni experimentar ni comprender la santidad hasta que extendemos los brazos para abrazar a los vecinos, compañeros de estudio, amigos y familiares. No se puede reconocer la presencia de la santidad si nunca se ha llevado a la práctica en el vecindario, el aula, el patio de recreo y el hogar.

Regresa a la lista de personas santas que hiciste al principio de la lección. Agrega tu nombre a la lista y explica cómo encontraste la santidad para ti mismo y cómo das muestras de esa santidad a los demás.

Tercera parada: tu clase

Da tiempo a los niños para que respondan las preguntas de reflexión por sí solos. Pide entonces voluntarios que deseen compartir sus respuestas.

Entre las respuestas sugeridas están incluidas: Encontramos santidad en la escuela cuando un maestro o una maestra nos ofrece darnos una ayuda extra después del horario normal, cuando vemos a nuestros compañeros de clase tratarse con respeto, cuando nos defendemos unos a otros —incluso tratándose de los compañeros de clase considerados "no populares", y así sucesivamente. Damos manifestaciones de santidad en la escuela cuando nos brindamos voluntariamente a ayudar en sus estudios a estudiantes menores que nosotros, cuando nos mostramos de acuerdo con quedarnos después del horario de clases para ayudar a limpiar el aula o la preparamos para eventos especiales, cuando mostramos respeto a todos, etc.

Cuarta parada: el patio de juegos

Da tiempo a los niños para que respondan las preguntas de reflexión por sí solos. Pide entonces voluntarios que deseen compartir sus respuestas.

Entre las respuestas sugeridas están incluidas: Actuamos como Jesús cuando incluimos todos los que quieren jugar con nosotros, cuando disfrutamos el juego pero nos comportamos respetuosamente ganemos o perdamos, y cosas por el estilo de estas.

Quinta parada: tu familia

Da tiempo a los niños para que respondan las preguntas de reflexión por sí solos. Pide entonces voluntarios que deseen compartir sus respuestas.

Entre las respuestas sugeridas están incluidas: Demostramos amar a nuestra cuando tratamos a nuestros padres con respeto, cuando cumplimos con nuestros quehaceres sin quejarnos, cuando llegamos a un arreglo con nuestros hermanos en vez de pelear con ellos, etc.

Actividad

Deja que los niños terminen solos la actividad final, "El mapa de la santidad". Anímalos a utilizar los materiales de dibujo que conseguiste para hoy. Desplázate por el salón mientras los niños están trabajando para ayudarles a contestar cualquier pregunta. Esta es otra actividad que sería formidable compartir con tu parroquia. Anima a los niños que deseen hacerlo, a dejarte sus mapas cuando termine la sesión y busca entonces dónde colgarlos por todo el campus de la parroquia.

EL MAPA DE LA SANTIDAD

¡Haz tu propio mapa con la ruta hacia la santidad! Comienza y termina en la Iglesia pero incluye al menos cuatro lugares en los que encuentras la santidad en tu propia vida. En cada uno de esos puntos haz un dibujo o escribe una o dos oraciones acerca de cómo compartes o ves la presencia de santidad en esos lugares.

Resumen

- Todos los cristianos estamos llamados a la santidad.
- El camino hacia la santidad es un proceso permanente.
- Con la ayuda del Espíritu Santo podemos sobreponernos a los obstáculos que se presentan en nuestra ruta hacia la santidad.

Jornada de Fe para Niños, Mistagogia, M5 (827006)

Imprimi Potest: Stephen T. Rehrauer, CSsR, Provincial de la Provincia de Denver, Redentoristas.

Imprimatur: "Conforme al CIC 827, el 20 de septiembre de 2017, el Rev. Mons. Mark S. Rivituso, Vicario General de la Arquidiócesis de St. Louis, ha concedido el permiso de publicación de esta obra. El permiso para la publicación indica que la obra no contiene contradicciones con las enseñanzas de la Iglesia Católica; sin embargo, no implica la aprobación de las opiniones que se expresan en ella. Con este permiso no se asume ninguna responsabilidad".

Editores de *Jornada de Fe para Niños* 2017: Theresa Nienaber-Panuski y Pat Fosarelli, MD, DMin.

Diseño y producción: Wendy Barnes, John Krus, Lorena Mitre Jimenez, Bill Townsend. Ilustraciones: Jeff Albrecht.

Impreso en los Estados Unidos de América. 21 20 19 18 17 / 5 4 3 2 1. Tercera edición.

Oración final

Escoge un santo y pídele que interceda por todos los niños de tu grupo para que vivan una semana llena de santidad. Escuchen entonces la canción que has escogido para esta sesión. Si no dispones de música, dales a los participantes un momento para que reflexionen sobre la santidad en silencio, y después recen todos juntos el Gloria.

Tarea

Al continuar aprendiendo los niños sobre cómo se lleva una vida en santidad, animalos a crear "paradas en el camino a la santidad" por toda la casa. Prepararán noticas en nota adhesiva que distribuirán por los lugares que pudieran darles la oportunidad de comportarse santamente (como la fregadora de platos, el cuarto de lavado, el depósito de la basura o el cuarto de juegos).

M6: Vivir las virtudes

Catecismo: 1804–29

Objetivos

- Darnos cuenta de que podemos ver el proceder de Dios en las vidas de aquellos que practican las virtudes.
- Establecer las diferencias entre las virtudes humanas y las virtudes teológicas.
- Reconocer que el amor (la caridad) es la mayor de las virtudes.

Meditación del maestro

Filipenses 4:8–9

No es fácil vivir las virtudes en un mundo en el que las personas se sienten inclinadas al chisme, a llenarse de cosas materiales y a buscar la autogratificación inmediata. Nosotros estamos llamados a un fin más elevado. Estamos destinados a más que eso. ¿Cómo vives tú tu vida en Cristo? ¿Acomodas tu vida al mundo o procuras vivir las virtudes?

Preparación del maestro

- Lee la lección, este plan de clase, el pasaje de la escritura y las secciones del *Catecismo*.
- Consigue una grabación de una canción pascual para utilizarla en la oración final.
- Familiarízate con el vocabulario de esta lección: virtudes, virtudes humanas, prudencia, justicia, fortaleza, templanza, virtudes teologales, fe, esperanza, amor (caridad), obras de misericordia. Las definiciones aparecen en el glosario de esta guía.

Bienvenida

Saluda a los neófitos según vayan llegando. Comprueba si dispones de los materiales y artículos diversos que pudieras necesitar. Pide que hagan cualquier pregunta o comentario que tengan acerca de las sesiones anteriores y/o compartan con el grupo cualquier nueva información o conclusión en su poder. Comienza rápidamente.

Lectura inicial

Filipenses 4:8–9

Enciende la vela y lee en voz alta. Entre todo el grupo, hagan una lista de las cosas que, durante estos cuatro periodos, los niños han aprendido acerca de cómo vivir su fe.

> [La virtud] permite a la persona no sólo realizar actos buenos, sino dar lo mejor de sí misma… El objetivo de una vida virtuosa consiste en llegar a ser semejante a Dios.
>
> *CIC* 1803

M6 MISTAGOGIA

Vivir las virtudes

"Yo pensé", le dijo Tanya a Lisa, "que sería muy fácil vivir como Jesús. Ya recibimos los sacramentos y ahora somos parte de la Iglesia pero todavía hablo mal de otra niña de mi clase. Después siempre me siento mal por haberlo hecho. Yo no quiero decir cosas malas de nadie pero a veces se me salen".

Lisa asintió. "Yo a veces no tengo deseos de ir a misa. Mis padres me llevan pero yo, en lugar de prestar atención, me pongo a soñar despierta o a fijarme en la ropa de la gente. Yo trato de ser buena pero, a veces, lo echo todo a perder".

NIÑOS

CIC 1804–29

Vivir las virtudes

Dales tiempo a los niños para que contesten las preguntas de reflexión por sí mismos. Pide entonces voluntarios que deseen compartir con el grupo su respuesta a la segunda pregunta de reflexión. Haz una lista con las respuestas del grupo.

M6

Prudencia

Después de discutir entre todos la definición de prudencia, decidan también entre todos cómo se puede vivir prudentemente.
Para ello, completen la siguiente oración:

Actuamos prudentemente cuando

____

_____________________________ .

Pide a los niños que utilicen la frase empleada en la clase para responder por sí mismos la pregunta de reflexión. Pide voluntarios dispuestos a compartir sus respuestas.

Justicia

Después de discutir entre todos la definición de justicia, decidan también entre todos cómo se puede vivir actuando justamente. Para ello, completen la siguiente oración:

Actuamos con justicia cuando ____

____

_____________________________ .

Fortaleza

Después de discutir entre todos la definición de fortaleza, decidan también entre todos cómo se puede ser fuerte en la vida.
Para ello, completen la siguiente oración:

Actuamos con fortaleza cuando __

____

_____________________________ .

Templanza

Después de discutir entre todos la definición de templanza, decidan también entre todos cómo se puede vivir con moderación.
Para ello, completen la siguiente oración:

Actuamos con templanza cuando _

____

_____________________________ .

MISTAGOGIA

JORNADA DE FE

¿A veces te cuesta trabajo hacer lo correcto?

Cuando cometes un error, ¿cómo tratas de corregirlo?

Las virtudes

Aun después de convertirte en miembro de la Iglesia, tienes que seguir esforzándote para actuar bien. A veces tomamos decisiones erradas y pecamos aunque de veras deseemos vivir como Jesús. Las **virtudes** son hábitos que podemos cultivar y que nos ayudarán a elegir siempre el bien, las cosas que Dios quiere que hagamos. Sin embargo, al igual que cualquier otra habilidad —desde los deportes hasta las matemáticas— las virtudes requieren de su práctica.

Las virtudes humanas o cardinales

Hay dos tipos de virtudes. El primer tipo es el de las virtudes humanas. Las **virtudes humanas** son hábitos que nosotros mismos nos formamos y acciones que escogemos. Hay cuatro virtudes humanas.

PRUDENCIA

Por **prudencia** entendemos la toma de decisiones correctas a las que se llega después de meditar detenidamente nuestras acciones (mediante la consulta de las Escrituras y de las enseñanzas de la Iglesia) *antes* de actuar. Actuamos prudentemente cuando:

- Examinamos las situaciones antes de tomar parte en ellas.
- Pensamos cuidadosamente en todas las opciones posibles.
- Escogemos las opciones que traigan el mayor bien.

¿Qué son algunas de las cosas que tú puedes hacer para practicar la prudencia?

JUSTICIA

Por **justicia** entendemos la actuación imparcial, el tratar a todos de igual manera y el compartir los bienes de manera que todos tengan suficiente de lo que necesitan. Actuamos con justicia cuando:

- Cuidamos a quienes necesitan de nosotros.
- Tratamos de igual forma a todos y defendemos a las personas que están recibiendo un trato injusto.
- Somos honestos y cumplimos nuestras promesas.
- Compartimos con otros lo que tenemos.

FORTALEZA

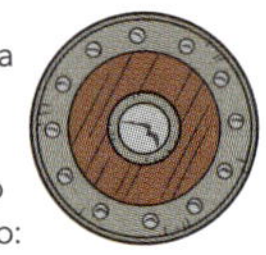

La **fortaleza** consiste en, por amor a Dios, vencer el miedo. La fortaleza nos permite hacer lo correcto aunque resulte difícil o nadie más lo haga. Mostramos ser fuertes cuando:

- Hacemos el bien aunque sintamos temor.
- Hagamos lo correcto aunque nuestros amigos no lo hagan.
- Hacemos lo que Dios quiere que hagamos aunque ello resulte difícil o no sea lo que deseamos.

TEMPLANZA

La **templanza** es el equilibrio entre lo que necesitamos y lo que queremos. Actuar con templanza es disfrutar de lo que nos gusta sin hacer que ellas sobrepasen en importancia a Dios. Es como comerse un pedazo de nuestro cake favorito y guardar todo el resto en vez de atiborrarnos y comérnoslo entero. Actuamos con templanza cuando:

- Dedicamos un tiempo a jugar con nuestros amigos pero reservamos un tiempo para Dios.
- Usamos parte de nuestro estipendio en darnos un gusto pero guardamos una parte para donarla.

¿Cómo puedes incluir a Dios en las cosas que disfrutas hacer?

Discutan entonces entre todo el grupo la pregunta de reflexión. Elaboren entre todos una lista de los modos en que uno puede incluir a Jesús en las actividades que ama.

Entre las respuestas sugeridas se incluyen: Rezar al comienzo de los encuentros deportivos, de los concursos de oratoria, y en otros eventos competitivos para así incluir a Dios en esos eventos. Si tratamos a los otros jugadores y a nuestros amigos con respeto (aunque estemos deseosos de ganar) demostramos que Jesús y nuestra fe son lo primero para nosotros. La decisión de no ver, escuchar o leer cosas que promuevan estilos de vida que vaya contra las enseñanzas de nuestra fe, es una manera de incluir a Jesús en nuestras películas, música y libros favoritos. Pronunciar una oración de gracias o de exaltación a Jesús cuando conseguimos entradas para un evento especial, es otra forma en que podemos incluir a Jesús cuando nos sentimos muy entusiasmados.

Las virtudes teologales

El segundo grupo de virtudes es el de las virtudes teologales. Las **virtudes teologales** proceden directamente de Dios y nos ayudan a dedicarle a él la vida. Estas virtudes nos ayudan a vivir con más efectividad las virtudes humanas.

Fe

La **fe** nos posibilita creen en Dios y en todo lo que hace. La fe no es solo decir que uno cree en Dios o enumera un montón de doctrinas. La fe verdadera consiste en ser amigo de Dios. Ella significa vivir como Dios quiere que vivamos y trabajar en favor de las cosas buenas.

Cuando tenemos fe, los demás nos importan y también nos importa el mundo porque todo es creación de Dios. Cuando tenemos fe, queremos hablarle de él a cuanta persona cruzamos en nuestro camino. Dios es lo primero para nosotros en todo lo que hacemos y le damos gracias por todo cuanto nos da.

¿Cómo le muestras a Dios que él es tu amigo?

¿Cómo puedes hacer aún más fuerte tu amistad con Dios?

Esperanza

Tener **esperanza** significa confiar en la presencia de Dios. La esperanza es la virtud que nos consuela, nos da valor y nos ayuda a centrar nuestro interés en el cielo y en las cosas del cielo. Cuando tenemos esperanza, confiamos en que Dios completará la buena obra que comenzó en nosotros.

Caridad (amor)

Al hablar del **amor** (o la **caridad**), nos referimos a dar a los demás el mismo trato que Jesús les daría. Jesús dijo, *"Como yo os he amado, así os améis también vosotros los unos a los otros"* (Juan 13:34). Debemos esforzarnos en amar a los otros como los ama Jesús.

¿Cómo demuestras a los otros que los amas como Jesús los ama?

¿Cómo se puede amar a las personas con las que resulta difícil llevarse bien?

Vivir las virtudes

La Iglesia da nombres específicos a algunas de las maneras en se viven las virtudes teologales en el mundo. Ellas reciben el nombre de obras de misericordia. Hay **obras de misericordia** que se refieren a las necesidades físicas y otras relacionadas con las necesidades espirituales.

OBRAS DE MISERICORDIA PARA LAS NECESIDADES CORPORALES	OBRAS DE MISERICORDIA PARA LAS NECESIDADES ESPIRITUALES
Dar de comer al hambriento	Enseñar a los que no saben o necesitan ayuda
Dar de beber al sediento	Dar respuesta a las preguntas de quienes tienen dudas
Vestir al que carece de ropa adecuada	Ayudar a los que hacen el mal y no comprenden que es malo lo que han hecho
Albergar al que carece de un techo	Ser pacientes con los demás aunque no nos traten bien
Visitar enfermos	Perdonar a los otros
Trabajar por la libertad de los cautivos	Dar consuelo a los que sufren
Enterrar a los muertos	Rezar por los vivos y los muertos

MISTAGOGIA

JORNADA DE FE

Fe

Después de discutir entre todos la definición de fe, decidan también entre todos cómo se puede vivir de acuerdo con nuestra fe. Para ello, completen la siguiente oración:

Actuamos como personas de fe cuando ______________________

______________________________.

Dales tiempo a los niños para contestar las preguntas de reflexión individualmente, en parejas o en pequeños grupos. Después pide a cada niño, pareja o grupo que comparta con todos sus respuestas.

Esperanza

Después de discutir entre todos la definición de esperanza, decidan también entre todos cómo se puede llevar una vida llena de esperanza. Para ello, completen la siguiente oración:

Actuamos con esperanza cuando _

____

______________________________.

Caridad (Amor)

Después de discutir entre todos la definición de caridad, decidan también entre todos cómo se puede llevar una vida llena de amor. Para ello, completen la siguiente oración:

Actuamos con caridad cuando ___

____

______________________________.

Dales a los niños tiempo para contestar las preguntas de reflexión individualmente, en parejas o en pequeños grupos. Después pide a cada niño, pareja o grupo que comparta con todos sus respuestas.

Actividad

Después de terminar la sección final que trata de las obras de misericordia, dales tiempo a los niños para que hagan la actividad final, "Materializando las virtudes en obras concretas", ya sea en forma individual o con un compañero. Circula entre los niños mientras trabajan, reafirma las respuestas correctas y aclara cualquier confusión que haya.

Hemos preparado para ti una actividad de muestra. Las respuestas de los niños serán diversas.

Perdonar a los demás: Fortaleza

Puede ser verdaderamente difícil perdonar a quienes nos han lastimado, y a veces necesitamos valor para aceptar una disculpa y no solo perdonar sino también dejar atrás el dolor que nos produjeron.

Consolar a los demás: Esperanza

Cuando tenemos confianza en que Dios está con nosotros, podemos transmitir esa confianza a los demás. Al compartir esa confianza en Jesucristo, podemos llevar a los demás la presencia consoladora de Dios.

Alimentar al hambriento: Justicia

Sabemos que todo el mundo merece la posibilidad de trabajar, de tener suficiente aliento y un lugar seguro donde vivir. Actuamos con justicia cuando ayudamos a proporcionarles cosas a quienes no tienen acceso a ellas.

Vestir al que carece de ropa adecuada: Fe

Vivir con fe significa vivir como Dios y, al igual que Jesús instó a sus discípulos a dar lo que tenían a los necesitados, él nos insta a hacer lo mismo.

Visitar a los enfermos: Amor

Puede que no podamos curar a los enfermos, pero podemos demostrarles que no están solos si decidimos comportarnos con amor y dedicarles tiempo o enviarles una nota recordándoles que los extrañamos.

MATERIALIZANDO LAS VIRTUDES EN OBRAS CONCRETAS

Para cada una de las obras de misericordia que aparecen más abajo, elija una virtud que pueda ayudarte a realizarla. Entonces redacta una o dos oraciones acerca de por qué sería de ayuda esa virtud.

Banco de palabras de virtudes	Obras de misericordia
	Perdonar a los demás ______
fe	
esperanza	Consolar a los demás ______
amor	Alimentar al hambriento ______
fortaleza	
templanza	Vestir al que carece de ropa adecuada ______
prudencia	Visitar a los enfermos ______
justicia	Enseñar a los demás ______

Resumen

- Vemos la manifestación de Dios en las vidas de quienes practican las virtudes.
- Hay virtudes humanas y virtudes teologales.
- La mayor de las virtudes es el amor (la caridad).

Jornada de Fe para Niños, Mistagogia, M6 (827006)

Imprimi Potest: Stephen T. Rehrauer, CSsR, Provincial de la Provincia de Denver, Redentoristas.

Imprimatur: "Conforme al CIC 827, el 20 de septiembre de 2017, el Rev. Mons. Mark S. Rivituso, Vicario General de la Arquidiócesis de St. Louis, ha concedido el permiso de publicación de esta obra. El permiso para la publicación indica que la obra no contiene contradicciones con las enseñanzas de la Iglesia Católica; sin embargo, no implica la aprobación de las opiniones que se expresan en ella. Con este permiso no se asume ninguna responsabilidad".

Editores de *Jornada de Fe para Niños* 2017: Theresa Nienaber-Panuski y Pat Fosarelli, MD, DMin.

Diseño y producción: Wendy Barnes, John Krus, Lorena Mitre Jimenez, Bill Townsend. Ilustraciones: Jeff Albrecht.

LIBROS LIGUORI

Los textos de la Escritura han sido tomados de la *Biblia de Jerusalén Latinoamericana*, Desclee de Brower, Bilbao, España. Todos los derechos reservados. Los textos del *Catecismo de la Iglesia Católica* y demás textos pontificios fueron tomados con permiso de *Librería Editrice Vaticana*; versión en español.

Impreso en los Estados Unidos de América. 21 20 19 18 17 / 5 4 3 2 1. Tercera edición.

Enseñar a otros: Prudencia

Cuando actuamos con prudencia, hacemos un esfuerzo por meditar cuidadosamente nuestras acciones. Cuando enseñamos a otros, decidimos compartir con ellos lo que sabemos.

Oración final

Reunidos escuchen la canción que escogiste par esta sesión. Si no dispones de música, recen juntos el Padrenuestro.

Tarea

Pide a los niños que preparen en la casa una "tablilla de las virtudes" que situarán en algún lugar en que todos puedan verla. En la parte superior harán una fila con todas las virtudes y, a un lado, harán una columna con los nombres de todos los miembros de la familia. Después, cuando algún miembro de la familia vea a otro actuar con virtud, lo marcará en la tablilla con un *check*, una estrella o una pegatina en la columna correspondiente.

M7: La vida en familia

Catecismo: 2201–13

Objetivos

- Identificar la familia como la iglesia doméstica.
- Describir a los padres como los primeros y más importantes maestros en la fe.
- Reconocer que la fe y la identidad católica son cosas para celebrar en familia.

Meditación del maestro

Colosenses 3:12–21

Los versículos 12 al 17 de este pasaje nos ayudan a comprender mejor las directrices formuladas en los versículos 18 al 21. Piensa en las relaciones que tú tienes con los miembros de tu propia familia. Reza por las virtudes necesarias para hacer de tu hogar un lugar cálido, lleno de paz y amor.

Preparación del maestro

- Lee la lección, este plan de clase, el pasaje de la escritura y las secciones del *Catecismo*.
- Consigue una grabación de un himno o canto pascual utilizado frecuentemente en las misas celebradas en tu parroquia.
- Consigue papel de cartas, sobre y materiales de dibujo.

Bienvenida

Saluda a los neófitos según vayan llegando. Comprueba si dispones de los materiales y artículos diversos que pudieras necesitar. Pide que hagan cualquier pregunta o comentario que tengan acerca de las sesiones anteriores y/o compartan con el grupo cualquier nueva información o conclusión en su poder. Comienza rápidamente.

Lectura inicial

Colosenses 3:12–21

Enciende la vela y lee en alta voz. (Quizás prefieras que lean dos voluntarios—uno para los versículos 12–17 y otro para los versículos 18–21.)

> "La familia cristiana constituye una revelación y una actuación específicas de la comunión eclesial; por eso... puede y debe decirse iglesia doméstica". Es una comunidad de fe, esperanza y caridad, posee en la Iglesia una importancia singular como aparece en el Nuevo Testamento.
>
> *CIC* 2204

M7

MISTAGOGIA

La vida en familia

"Quiero que todos piensen en el RICA", dijo la señora Evans. "Pero no en cómo ustedes decidieron comenzar el RICA sino en cómo otras personas los ayudaron a llegarse aquí. ¿Quién fue quien hizo eso posible?"

Tanya levantó su mano, "Mi mamá me trajo todas las semanas".

"Mi abuelita me ayudó a repasar las lecciones en casa", añadió Tomás.

"¡Bien!" la señora Evans estaba radiante. "Eso es porque nuestras familias nos ayudan a crecer en la fe. De hecho, nuestras familias son nuestra primera iglesia".

NIÑOS

CIC 2201–13

La vida en familia

Lean en el grupo la historia del principio de la lección. Pide después a los niños que cuenten al grupo cómo recibieron ayuda (directa e indirecta) de miembros de su familia para pasar satisfactoriamente el RICA.

Tu primera iglesia

Dales a los niños para que completen la actividad ellos solos. Anímalos a pensar en miembros de la familia o en otras personas cercanas que les han dado lecciones mediante su ejemplo. Aun en el caso de que nadie les haya dicho directamente "debes amar a los demás", los niños pueden haber recibido esas lecciones observando el ejemplo dado por esas personas.

Transmitir los relatos sobre Jesús

Da a los niños tiempo para resolver las preguntas de reflexión por sí mismos. Después circula por el salón y pide a los niños que compartan con el grupo sus respuestas.

Hacer más interesante la misa

Respondan entre todos la pregunta de reflexión. Ve haciendo en la pizarra una lista con las ideas que se proponen y pide a los niños que anoten las que realmente les gustan, o pídeles que escojan una idea para ponerla a prueba durante todos los domingos de este mes (o del siguiente) para ver cómo experimentan la participación en la misa cada una de esas veces.

JORNADA DE FE MISTAGOGIA

¿Cómo te ha ayudado tu familia con relación a tu fe?

Tu primera iglesia

La Iglesia nos dice que nuestro hogar es nuestra primera iglesia. Muchas de las cosas que Jesús está tratando de enseñarte son cosas que aprendes de tu familia.

Lee las siguientes cosas que Jesús nos enseñó. Entonces escribe en nombre de la persona que fue la primera en enseñarte a seguir el mandamiento de Jesús.

Ámense los unos a los otros (Juan 15:12).

____

El que tenga dos túnicas, que las reparta con el que no tiene (Lucas 3:11).

____

Vuestro Padre sabe lo que necesitáis antes de pedírselo (Mateo 6:8).

____

Perdónense los unos a los otros (Mateo 6:14).

____

Transmitir los relatos sobre Jesús

Tú puedes ser la iglesia en tu hogar si transmites a la familia las historias sobre Jesús. Pueden leer todos juntos las lecturas de la misa antes de asistir a la misa dominical y pueden conversar sobre ellas. Después de la misa, pueden volver a conversar sobre las lecturas, pensando en esta ocasión en cómo la homilía del sacerdote aportó nuevos elementos a la discusión en familia.

¿Cuál es tu relato favorito sobre Jesús? ¿Por qué?

Hacer más interesante la misa

A veces la misa resulta aburrida. Esa hora parece durar mucho más. Pero tú puedes hacerte más interesante la misa. De hecho, ¡tú puedes llegar a ansiar ir a misa! He aquí algunas de las formas en que puedes sacar más provecho de la asistencia a misa:

- Llega temprano, cuando la iglesia está todavía casi vacía. Fíjate en cuántos objetos puedes reconocer por su nombre.
- Pide a tus padres que te hablen sobre las cosas que no identificas.
- Trae contigo un misal para que puedas seguir lo que se va desarrollando.
- Siéntate en los bancos de delante para que puedas verlo y oírlo todo.
- Participa en el canto y responde cuando le corresponde a la congregación hacerlo.
- En el momento de la colecta, contribuye con parte de tu estipendio.

¿Qué más puedes hacer para sentir deseos de asistir a la misa?

Rezar juntos en casa

¿Tienen ustedes un momento de oración en familia?

Jesús dijo, *"Porque donde están dos o tres reunidos en mi nombre, allí estoy yo en medio de ellos"* (Mateo 18:20). He aquí algunos momentos especiales para invitar a Jesús a que los acompañe en casa, mediante la oración:

- Rezar antes de las comidas nos recuerda que debemos agradecer a Dios nuestro alimento.
- Rezar antes de salir de casa en la mañana nos recuerda que Dios está con nosotros el día entero.
- Rezar por la curación de un amigo o familiar enfermo nos recuerda que podemos hacer algo por los que necesitan nuestra ayuda.
- Rezar antes de una prueba importante nos puede ayudar a salir mejor en los estudios.
- Rezar con quien tiene un problema o preocupación particular puede contribuir a que nos sintamos más calmados y hasta ayudarnos a comprender qué cosa es correcto hacer.
- Pedir a Jesús que te acompañe cuando viajas te recordará que él está siempre contigo.

¿De qué otra forma puedes mediante la oración invitar a Jesús a que acompañe a tu familia?

Vivir el amor en el hogar

Es también importante que manifestemos amor en la forma en que nos hablamos y nos tratamos los unos a los otros. Eso comienza por casa. Todos cometemos errores. Es por eso que siempre debemos demostrarnos amor y disposición a perdonarnos mutuamente. Podemos ayudar a los otros a convertirse en mejores cristianos, especialmente a quienes comparten con nosotros el hogar.

Por ejemplo, podemos realizar tareas domésticas sin que tengan que pedirnos que las hagamos. Podemos interesarnos por cómo los demás han pasado el día en vez de ignorarlos o hablar solo de nosotros mismos. Podemos apagar el televisor o la computadora para dedicar tiempo a conversar o jugar con nuestra familia.

¿De qué otra forma puedes demostrarle a tu familia que los amas?

Aprender de los santos

Los santos son personas que supieron seguir a Jesús. Puedes aprender mucho de ellos leyendo historias de sus vidas. Entonces podrás seguir a Jesús al imitarlos. He aquí algunas ideas:

- Todos los días dedica, después de clases, un rato a leer sobre tus santos favoritos. Quizás cada miembro de tu familia pudiera escoger un santo diferente y entonces podrían compartir con los demás lo aprendido por cada uno.
- Escoge un "santo de la semana" y busca formas para imitarlo. Por ejemplo, santa Teresa de Calcuta cuidó de los más pobres entre los pobres y los más enfermos entre los enfermos. Imítala recogiendo alimentos para los enfermos y haciendo tarjetas para repartir entre las personas ingresadas en el hospital.

¡Cuanto más aprendas sobre los santos, tano más aprenderás sobre Dios!

Rezar juntos en casa

Respondan entre todos la pregunta de reflexión. Escribe en la pizarra las ideas que se proponen en la lección y pide a los niños que anoten las que les agradan de verdad. Pídeles que escojan al menos cinco (uno para cada día laborable) para que así tengan ideas para compartir con la familia para la actividad de la "Tarea".

Vivir el amor en el hogar

Respondan entre todos la pregunta de reflexión. Escribe algunas ideas en la pizarra y pide a los niños que copien las que realmente les gusten.

Actividad

Presta hoy una atención especial al tiempo del que se dispone para que los niños puedan, sin falta, escribir sus notas de agradecimiento. Anímalos a que usen el papel de cartas, los sobres y los materiales de dibujos que has traído.

GRACIAS

Piensa en todas las manera en que tu familia te ha ayudado a incrementar tu fe. Escribe una nota de agradecimiento a, por lo menos, dos miembros de tu familia que te han dado ayuda en alguna forma especial.

Querido ________________________________

____

____

____

____

____

____

Amor,

____

Resumen

- La familia es la "iglesia doméstica".
- Los padres son los primeros y más importantes maestros en la fe.
- La fe y la identidad católica merecen ser celebradas con la familia.

Jornada de Fe para Niños, Mistagogia, M7 (827006)

Imprimi Potest: Stephen T. Rehrauer, CSsR, Provincial de la Provincia de Denver, Redentoristas.

Imprimatur: "Conforme al CIC 827, el 20 de septiembre de 2017, el Rev. Mons. Mark S. Rivituso, Vicario General de la Arquidiócesis de St. Louis, ha concedido el permiso de publicación de esta obra. El permiso para la publicación indica que la obra no contiene contradicciones con las enseñanzas de la Iglesia Católica; sin embargo, no implica la aprobación de las opiniones que se expresan en ella. Con este permiso no se asume ninguna responsabilidad".

Editores de *Jornada de Fe para Niños* 2017: Theresa Nienaber-Panuski y Pat Fosarelli, MD, DMin.

Diseño y producción: Wendy Barnes, John Krus, Lorena Mitre Jimenez, Bill Townsend. Ilustraciones: Jeff Albrecht.

Impreso en los Estados Unidos de América. 21 20 19 18 17 / 5 4 3 2 1. Tercera edición.

Oración final

Concluye con la canción que escogiste para la sesión de hoy. Si no dispones de la música, recen juntos una decena del rosario, como familia que son en el Cuerpo de Cristo.

Tarea

Di a los niños que echen al correo (o entreguen personalmente) las notas de agradecimiento en las que trabajaron hoy en clase. Anímalos a que, en casa, compartan las ideas que escogieron en las secciones "Rezar juntos en casa" y "Vivir el amor en el hogar" para que, en familia, escojan una idea en cual centrarse en cada uno de los días de la próxima semana.

M8: Compartir la Buena Nueva

Catecismo: 429, 849–56, 901–13, 2471–74

Objetivos

- Reconocer que la relación con Jesús resulta fundamental para la conversión.
- Reconocer que estamos llamados a compartir la Buena Noticia.
- Describir las formas en que la Iglesia nos prepara y equipa para la misión de evangelizar.

Meditación del maestro

Reflexiona en este fragmento de la obra de Matthew Kilmurry titulada *Tú eres de la marca Católico.*

Tú representas la marca Cristiano Católico ante todo el que conoces. Con frecuencia creemos que eso es solo responsabilidad de quienes están en la vida religiosa. Pero, en realidad, la marca Católico identifica también a los laicos católicos que viven, trabajan y juegan en el mundo exterior a la Iglesia. Como católico, te ha sido dado un gran poder. Estés consciente de ello o no lo estés, tú ejerces en todo momento ese poder. No hay botón de "off". Tu influencia está siempre en "on" aunque no te consideres un buen católico.

¿Cómo exhibes ante el mundo la marca Católico? ¿Cómo puedes ganar mayor conciencia sobre el modo en que tus acciones influyen en otros con relación a la fe?

Preparación del maestro

- Lee la lección, este plan de clase, el pasaje de la escritura y las secciones del *Catecismo*.
- Familiarízate con el vocabulario de esta lección: evangelización, testimonio, cultura. Las definiciones aparecen en el glosario de esta guía.
- Consigue materiales de dibujo y cartulina para la actividad final.
- Reúnete con el equipo de hospitalidad para organizar un refrigerio ligero con el que celebrar la conclusión formal del proceso del RICA.

Bienvenida

Saluda a los neófitos según vayan llegando. Comprueba si dispones de los materiales y artículos diversos que pudieras necesitar. Pide que hagan cualquier pregunta o comentario que tengan acerca de las sesiones anteriores y/o compartan con el grupo cualquier nueva información o conclusión en su poder. Comienza rápidamente.

Lectura inicial

Salmo 105:1–6

Enciende la vela y lee en voz alta. Entre todo el grupo elaboren una lista de todos los milagros realizados por Dios que puedes contar a otras personas.

> Del amor de Dios por todos los hombres la Iglesia ha sacado en todo tiempo la obligación y la fuerza de su impulso misionero: "porque el amor de Cristo nos apremia".
>
> *CIC* 851

M8

MISTAGOGIA

Compartir la Buena Nueva

Era el último día de clases y la señora Evans había preparado una fiesta. "Antes de dar comienzo a la fiesta, tengo una última tarea para todos ustedes", anunció la señora Evans. "Quiero que compartan todo lo que han aprendido con alguna otra persona. Especialmente las cosas que resultaron verdaderamente importantes para ustedes. No se guarden la fe para ustedes mismos. ¡Compártanla!"

NIÑOS

CIC 429, 849–56, 901–13, 2471–74

Compartir la Buena Nueva

Lean la historia que se encuentra al comienzo de la lección y respondan entre todos la pregunta de reflexión.

Entre las respuestas sugeridas se cuentan: Podemos hablarles a otros sobre Jesús. Podemos escuchar música que habla sobre Jesús y compartirla con nuestros amigos. Podemos vivir como Jesús quiere que lo hagamos, aunque resulte difícil hacerlo. Y así sucesivamente.

Primer paso: Da testimonio de Cristo

Discutan qué significa ser un testigo.

Entre las respuestas sugeridas se cuentan: vivir las virtudes, mantenerse informado sobre la fe, hacer de la fe el centro de nuestras vidas, invitar a los amigos a misa o alas reuniones de tu grupo de jóvenes, u así sucesivamente.

Respondan la pregunta de reflexión entre todos.

Entre las respuestas sugeridas se cuentan: Podrías invitar a los niños nuevos a sentarse contigo y tus amigos o familiares en la misa. Podrías invitar a algunos niños a que asistan contigo a un evento de la iglesia que no sea la misa (con el Vía Crucis infantil, una reunión del grupo de jóvenes, o a una práctica de un equipo deportivo de la parroquia).

Segundo paso: Comparte tu fe

Dales tiempo a los niños para que contesten por sí solos la primera pregunta de reflexión.

Respondan entonces entre todo el grupo la segunda pregunta de reflexión. Si deseas poner en práctica una alternativa más activa, di a los niños que circulen por el aula tratando de encontrar si alguien escogió su misma historia favorita. Agrupa entonces a los niños que hayan escogido la misma historia para que cada uno de los grupos así formados responda la segunda pregunta de reflexión.

Entre las respuestas sugeridas se cuentan: Puedes ofrecerle a un amigo tu Biblia o tu libro de historias bíblicas en préstamo. Puedes pedirle a tu amigo que participe en una representación de tus historias bíblicas favoritas en la que tú tomas parte. Puedes simplemente contarle tu historia favorita a tu amigo o preguntarle, cuando se la hayas contado, qué le parece.

MISTAGOGIA

JORNADA DE FE

¿Cómo puedes tú compartir tu fe con otros?

Comparte tu fe

Antes de regresar al cielo, Jesús dio a sus discípulos una misión. Les dijo que salieran e instruyeran a otros sobre Dios y el amor de Dios. Les dijo, *"haced discípulos a todas las gentes... enseñándoles a guardar todo lo que yo os he mandado"* (Mateo 28:19–20).

Ese es tremendo trabajo, ¿no es cierto? Pero no tienen que hacerlo ustedes solos. El Espíritu Santo que habita en sus corazones les ayudará. También lo harán sus familias, la de la casa y la de la iglesia, y también otros católicos.

La acción de ayudar a otros a conocer y amar a Dios es lo que se denomina **evangelización**. La evangelización es la tarea de todo buen cristiano católico. Para ayudarnos, el papa Juan Pablo II nos dio cinco pasos que debemos seguir.

Primer paso: Da testimonio de Cristo

Dar **testimonio** de Cristo significa dejar que tu amor por Jesús se manifieste en todo lo que hagas. Cuando uno ve personas que hacen buenas obras, que son amables, que sonríen y comparten, uno quiere estar con ellas y vivir como ellas. Cuando la gente te ve actuar como Jesús al ayudar, amar y acoger a los demás, se siente atraída por Jesús y quiere seguirlo.

La misa es donde primero puedes dar testimonio de Jesús. Cuando a tu iglesia llegan familias nuevas, puede que se sientan fuera de lugar porque no conocen a nadie. Mientras otras personas de la parroquia dan la bienvenida a los padres, ustedes pueden darles la bienvenida a los nuevos niños que se incorporan. Ustedes pueden hablarles sobre su iglesia e invitarlos a tomar parte en las cosas divertidas en las que participan todos ustedes.

¿Se te ocurre una forma en la podría dar la bienvenida a los nuevos niños que llegan a tu iglesia?

Segundo paso: Comparte tu fe

Algunos niños nunca han tenido noticia de las cosas que ustedes aprendieron sobre Jesús y la Iglesia Católica. Puede que te toque a ti enseñarles. Tú puedes contarles a tus amigos relatos sobre Jesús. Cuanto más conozcan sobre Jesús, tanto más desearán saber sobre él. Después de todo, ¡conocer a Jesús es conocer a Dios!

> ¿Cuál de los relatos sobre Jesús es tu indiscutible favorito? ¿Por qué?

Tercer paso: Ofrece el amor de Jesús

Todos queremos ser amados. En el fondo, todo el mundo también quiere dar amor. El primer y más importante mandamiento de Jesús se refiere exclusivamente al amor: *"Amarás al Señor, tu Dios, con todo tu corazón, con toda tu alma y con toda tu mente"* (Mateo 22:37). El segundo mandamiento de Jesús también trata sobre el amor: *"Amarás a tu prójimo como a ti mismo"* (Mateo 22:39).

¿No es maravilloso que Jesús nos haya enseñado cómo ser buenos cristianos? Él dijo que debíamos amar. Él dijo que Dios nos ama más que lo que nos puede amar nadie. ¡Eso es muchísimo amor! Las personas se sentirán atraídas hacia Jesús si les amamos y les hacemos saber cuánto las ama él.

> ¿Cómo puedes amar más a tu familia? ¿a tus amigos? ¿a tus compañeros de aula?

Cuarto paso: Desafía la cultura imperante

La **cultura** es la forma en la que un grupo de personas se habitúa a hacer algo o llevar la vida. A veces, tenemos que desafiar costumbres que no corresponden a lo que Jesús quiere que se haga. A veces, lo que nuestra cultura dice que es correcto en realidad no lo es. O, en ocasiones, en nuestra cultura las cosas se ven de manera diferente a como Jesús las vería.

También tenemos que tratar a las personas en la forma que Jesús quisiera que las tratásemos. Jesús dijo en una ocasión, *"Cuanto hicisteis a otros, a mí me lo hicisteis"* (Mateo 25:40). Si alguien tiene hambre y tú la ayudas, estás ayudando a Jesús. Si alguien se siente solo y tú ignoras a esa persona, estás ignorando a Jesús. En nuestro mundo, muchas personas están hambrientas, solas o tristes. Es tarea nuestra ayudarlas.

> ¿Cómo puedes tú ayudar hoy a otros?
>
> ¿Cuáles son algunas de las formas en que tú puedes desafiar la cultura imperante para que se parezca más a Jesús?

Quinto paso: Haz que lo bueno sea mejor

La mayoría de las personas tratan de hacer el bien y tomar decisiones correctas. Sin embargo, siempre se puede mejorar si se sigue a Jesús y se hace más a favor de los demás.

A continuación presentamos algunas frases muy conocidas que fueron pronunciadas por Jesús y aparecen en los Evangelios. Después de cada una de ellas, escribe una manera en la que puedes aplicar hoy las palabras de Jesús a tu vida.

Ámense unos a otros como yo los he amado (Adaptado de Juan 13:34).

____

No juzgues a los demás si no quieres ser juzgado (Adaptado de Lucas 6:37).

____

Perdona siempre a los demás como Dios te perdona a ti (Adaptado de Marcos 11:25).

____

MISTAGOGIA | JORNADA DE FE

Tercer paso: Ofrece la opción del amor

Discute con los participantes por qué la evangelización cara a cara podría resultar más efectiva que la evangelización a distancia.

Entre las respuestas sugeridas se cuentan: las personas pueden así ver y participar de nuestro entusiasmo por la fe, nosotros podemos reconocer en forma más adecuada su dignidad, etc...

Cuarto paso: Desafía nuestra cultura

Concede a los niños un momento de silencio para que respondan la pregunta de reflexión. Puede que consideres beneficioso propiciar a los niños un momento para que piensen en silencio en la respuesta a esa pregunta o que consideres mejor que digan en silencio a Jesús una oración para que él los ayude a responder con total sinceridad. Las respuestas a esa pregunta las mantendrán para sí, en privado.

Quinto paso: Haz que lo bueno sea mejor

Dales tiempo a los niños para que, individualmente o con un compañero o compañera, realicen esta actividad. A continuación se te proporcionan respuestas que pueden servirte como muestras.

- Ámense los unos a los otros como yo los he amado. (Adaptado de Juan 13:34)
- Podemos tratar a todos con amabilidad y respeto.
- No juzgues a los demás si no quieres ser juzgado. (Adaptado de Lucas 6:37)
- Podemos negarnos a participar en chismes y tratar de conocer las dos versiones de la historia cuando oímos contar algo malo de otra persona.
- Perdona siempre a los demás como Dios te perdona a ti. (Adaptado de Marcos 11:25)
- Podemos esforzarnos en no guardar rencores, en pedir perdón cuando hemos hecho algo malo y aceptar las disculpas cuando alguien nos ha lastimado pero está realmente arrepentido.
- Trata a los demás como deseas que te traten a ti. (Adaptado de Lucas 6:31)

Podemos pensar antes de actuar, preguntándonos "Si alguien dijera eso acerca de mí o me hiciera eso a mí, ¿me sentiría feliz o lastimado?"

Actividad

Dales tiempo a los niños para que completen la actividad por sí mismos. Si prefieres que la actividad se más movida, divide a los niños en cinco grupos y pide a cada grupo que cree una puesta en la que represente cada uno de esos pasos en acción.

EN SALIDA CON LA IGLESIA

Para cada uno de los cinco pasos que estudiaste hoy, haz un dibujo o escribe una historia o un poema que muestren cómo podemos vivir ese paso en el mundo exterior al templo.

1. Dar testimonio de Cristo.
2. Compartir tu fe.
3. Ofrecer el amor de Jesús.
4. Desafiar la cultura.
5. Hacer mejor lo bueno.

Resumen

- La relación con Jesús es importante para la conversión.
- Estamos llamados a compartir la Buena Nueva.
- La Iglesia nos prepara para la misión de la evangelización.

Jornada de Fe para Niños, Mistagogia, M8 (827006)

Imprimi Potest: Stephen T. Rehrauer, CSsR, Provincial de la Provincia de Denver, Redentoristas.

Imprimatur: "Conforme al CIC 827, el 20 de septiembre de 2017, el Rev. Mons. Mark S. Rivituso, Vicario General de la Arquidiócesis de St. Louis, ha concedido el permiso de publicación de esta obra. El permiso para la publicación indica que la obra no contiene contradicciones con las enseñanzas de la Iglesia Católica; sin embargo, no implica la aprobación de las opiniones que se expresan en ella. Con este permiso no se asume ninguna responsabilidad".

Editores de *Jornada de Fe para Niños* 2017: Theresa Nienaber-Panuski y Pat Fosarelli, MD, DMin.

Diseño y producción: Wendy Barnes, John Krus, Lorena Mitre Jimenez, Bill Townsend. Ilustraciones: Jeff Albrecht.

Impreso en los Estados Unidos de América. 21 20 19 18 17 / 5 4 3 2 1. Tercera edición.

Oración final

Puesto que esta puede ser la última ocasión en la que estén todos reunidos, pide a los niños que se tomen de las manos para formar un círculo. Recuérdales a todos que nuestras jornadas de fe continúan después de terminar este proceso formal. Como oración final, recorre el círculo y pregunta a cada niño que mencione una cosa que agradezcan haber aprendido o experimentado durante el RICA. Después de cada respuesta digamos "Demos gracias a Dios".

Tarea

Anima a los niños a permanecer en contacto entre sí aunque el RICA haya concluido. Si puedes hacerlo, hagan el plan de reunirse el primer domingo de cada mes (o cuando resulte más conveniente) para asistir juntos a misa o salir a desayunar juntos durante todo lo que queda del año. O (siempre contando con el consentimiento de los padres), asignar amigos por correspondencia con los cuales los niños —mediante el intercambio de direcciones postales o de emails— se escriban todas las semanas para contarse cómo van en su jornada de fe.

Jornada de Fe para Niños Glosario alfabético de Discernimiento y Mistagogia

amor (o caridad): trato dado a otros a la manera de Jesús.

ascención: el momento en que Jesús ascendió al cielo con su cuerpo resucitado.

ayuno: forma tradicional de penitencia que demanda la libre decisión de limitar el tipo o la cantidad de alimento o bebida que consumimos. Es una forma de ofrecer un sacrificio a Dios. El ayuno, según lo establecido para el Miércoles de Ceniza y el Viernes Santo, consiste en comer solo una comida completa durante el día e ingerir solo alimentos menores (como pan y agua) en otros momentos del día.

cenizas: se utilizan el Miércoles de Ceniza. Estas cenizas están bendecidas y se obtienen de las hojas de palma del año anterior. Nos recuerdan que debemos dar la espalda al pecado y que, sin Dios, somos como polvo o ceniza —algo sin vida.

concebido: que ha comenzado a formarse como ser vivo dentro del vientre de su madre.

credo: explicación o resumen de las doctrinas de la Iglesia en forma de una profesión de fe. Los dos credos más importantes del catolicismo son el Credo de Nicena y el Credo de los Apóstoles.

cultura: manera en que un grupo de personas acostumbra a actuar o desarrollar su vida.

discernimiento: facultad de "elegir lo correcto" o tomar la decisión correcta. Discernir generalmente significa repensar algo al rezar a Dios, o al consultar la opinión de un consejero espiritual o un adulto en el que confiemos.

Domingo de Ramos: domingo anterior al Domingo de Pascua. Da inicio a la Semana Santa. Durante esta misa agitamos hojas de palma en recuerdo de la entrada de Jesús a Jerusalén (Mateo 21:1–11; Marcos 11:1–11; Lucas 19:28–40; Juan 12:12–19). Las palmas nos recuerdan que Jesús es nuestro rey y le honramos.

escrutar: examinar con mucho detenimiento lo que hacemos y cómo nos sentimos después de haber tomado una mala decisión.

escrutinios: tres ritos adicionales que se celebran durante los domingos tercero, cuarto y quinto de Cuaresma para los elegidos no bautizados. El propósito de estos escrutinios es el de que el elegido realice el examen de su propia vida y reflexione en el pecado personal a la luz de la misericordia y la gracia de Dios.

esperanza: confianza en la presencia de Dios. La esperanza nos consuela, nos da valor y nos da la alegría de saber que hay una vida eterna con Jesús.

evangelización: proviene de una palabra griega que significa "anunciar". La evangelización es la difusión de la Buena Nueva del Evangelio, especialmente entre quienes no conocen todavía o no hubieran conocido nunca a Jesucristo de no haber sido evangelizados. En *Evangelii Nuntiandi*, el papa Pablo VI ha escrito, "Evangelizar significa para la Iglesia llevar la Buena Nueva a todos los ambientes de la humanidad y, con su influjo, transformar desde dentro, renovar a la misma humanidad" (18).

examen: oración que consta de cinco pasos y fue creada por san Ignacio. Ella nos convoca a escrutar nuestras vidas al final de cada día para ver cómo podemos servir mejor a Dios y dar gracias por los momentos en que hemos logrado vivir a la manera de Jesús.

fe: relación con Dios que nos lleva a vivir como él quiere que vivamos y a trabajar por el bien de nuestra comunidad.

fortaleza: capacidad para actuar con valentía en el cumplimiento de los designios de Dios.

Jueves Santo: El jueves de la Semana Santa. En la misa de este día se rememora la Última Cena y todo lo que Jesús dijo a sus discípulos esa noche. Y lo que es más importante: Jesús lavó los pies a sus discípulos y se ofreció a sí mismo en la primera cena eucarística.

justicia: imparicalidad, acción de dar a todos igual trato y de compartir lo que se tiene de manera tal que tengan suficiente de lo que necesitan.

laico: miembro no ordenado de la Iglesia.

Libro de los Elegidos: este libro contiene los nombres de los catecúmenos que buscan ingresar a la Iglesia Católica. Durante el rito de elección, los catecúmenos pasarán al frente y firmarán formalmente el Libro de los Elegidos para expresar su deseo de ser bautizados. Una vez que han firmado, los catecúmenos se convierten en elegidos.

limosna: dinero o cosas como alimentos y ropa que se entrega a los pobres.

misionero(a): alguien que viaja a lugares lejanos para llevar la Buena Noticia a personas que de otra forma nunca la hubiesen conocido.

morado: color del arrepentimiento, del dolor.

obras de misericordia: nombre especial dado a algunas de las formas en que vivimos las virtudes en medio del mundo. Hay obras de misericordia que se refieren a las necesidades espirituales y otras que se refieren a las necesidades físicas.

Pentecostés: es el cumpleaños de la Iglesia, el momento en que el Espíritu Santo descendió sobre los primeros apóstoles para darles la gracia necesaria para predicar y convertir a otros a la fe en Cristo.

prudencia: facultad de tomar buenas decisiones al pensar con detenimeinto en nuestras acciones antes de llevarlas a cabo.

rito de elección: rito o ceremonia especial de aceptación de la invitación de Jesús que tiene lugar durante la misa. Este rito es la posibilidad que se ofrece al candidato para que elija a Jesús y le haga saber su disposición a llevar una vida como le pide Jesús que la viva.

rosa: color que viste el sacerdote el cuarto domingo de Cuaresma. Este color representa que ya está muy próxima la felicidad de la Pascua.

Sábado Santo: Durante el día, el altar y la iglesia permanecen desnudos y desprovistos de ornamentos en recordación de la muerte de Jesús. Por la noche celebramos la resurrección de Jesús durante la Vigilia Pascual.

templanza: equilibrio entre lo que necesitamos y lo que deseamos. Es el disfrute de las cosas que nos agradan sin permitir que esas cosas se conviertan en más importantes que Dios.

testimonio: manera de actuar del creyente que vive según su fe en Jesucristo, el Evangelio y su Iglesia y lo pone de manifiesto mediante sus pensamientos, palabras y obras aun cuando ello le traiga como resultado el sacrificio personal y la hostilidad de otros.

Última Cena: última ocasión en que Jesús compartió la cena con sus apóstoles. Durante esta cena, Jesús lavó los pies de sus discípulos e instituyó el sacramento de la Sagrada Eucaristía.

venerar: honrar algo. Los católicos veneramos la cruz al arrodillarnos junto a ella, al tocarla o al besarla.

Viernes Santo: día triste pero muy importante para la Iglesia. No se celebra misa pero en el oficio que se celebra se narra nuevamente la historia de la muerte de Jesús.

Vigilia Pascual: la primera celebración de la Pascua y el comienzo del tiempo pascual. La Vigilia Pascual comienza cuando se encienden las velas para representar la luz y la presencia de Cristo.

virtudes: hábito que hace más fácil conocer y hacer lo que es bueno y nos asemejan más a la imagen y semejanza de Dios.

virtudes humanas: conocidas también como virtudes morales o cardinales. Son aquellas virtudes adquiridas mediante nuestros propios esfuerzos, acciones y hábitos —siempre con la cooperación de la gracia. Ellas "regulan nuestros actos, ordenan nuestras pasiones y guían nuestra conducta" (*CIC* 1804). Estas virtudes incluyen las siguientes: prudencia, justicia, fortaleza y templanza.

virtudes teologales: Estas virtudes se originan en Dios, son efectivas bajo su dirección y lo tienen a él como destino. Ellas "Disponen a los cristianos a vivir en relación con la Santísima Trinidad. Tienen como origen, motivo y objeto a Dios Uno y Trino" (*CIC* 1812). Esas virtudes son la fe, la esperanza y la caridad (o amor).